税理士が知っておきたい

遺言書でできる相続対策

著　山本　和義（税理士）

JN113451

新日本法規

はしがき

今日の社会では、法律婚ではなく事実婚を選択する方や、また同性のパートナーと婚姻関係同様の関係を築いている方がおられるなど、家族の在り方が多様化していますが、相続することができるのは、民法の定めによって法定相続人とされています。そのため、相続権のない子の配偶者、孫や兄弟姉妹、内縁の妻（又は夫）、生前お世話になった第三者などに遺産を与えたいと考える場合や、法定相続分に捉われず、特定の相続人に多く（又は少なく）財産を相続させたいと思うときには、遺言書にその旨を書いておかなければなりません。

しかし、遺言書の作成割合は、令和３年の年間死亡者数を基に試算すると、公正証書による遺言書作成割合は約7.4%、自筆証書遺言は検認件数から推定するとわずか約1.3%にすぎません。

遺言をするには「遺言能力」が求められ（民法963条）、15歳以上であることなどが必要とされています（民法961条）。

遺言能力とは、自らの作成した遺言の内容を理解し、財産が相続人にどのように相続されるかを弁識するに足る意思能力をいい、遺言能力がない状態で行われた遺言は無効となります。

遺言をすることにより、相続人に対して法定相続分とは異なる割合による「相続分」や「遺産分割の方法」を指定することができます。また、法定相続人以外の者や法人に対し、特定財産を遺贈することもできます。

遺言者が死亡すると、直ちに遺言の効力が生じて、遺言の対象財産は相続又は遺贈により受遺者に帰属します。被相続人は、遺言をすることによって、遺産の自由な処分についての権限を付与されていて、遺言により既に受遺者に帰属した財産は、相続人が遺産分割の対象とすることはできません。

しかし、遺言書は、遺言者の生前において撤回することができます。そのため、せっかく作成した遺言書でも、周辺者の思惑からの変更依頼などによって、遺言者の真意に基づかない撤回が行われるリスクがあります。また、本人の気持ちの変化、財産の増減、家族関係の異動などの事由によっても遺言書を書き換えることもあります。

一方、遺言書がない場合には、遺産分割協議によることになり、分割協議が紛糾し、家族間に修復できないほどの亀裂が生じてしまうこともあります。遺言書が絶対のものではないものの、家族が仲良く暮らすためにも、有効な遺言書を残すことの重要性は変わらないと思います。

本書は、税理士が知っておきたい遺言書でできる相続対策について、第１章では、遺言書作成と相続対策について、第２章では、遺言書を残しておくことで期待される相続対策の効果について、遺言書を残すときにどのような内容の遺言書とすればよいか、相続発生後、どのような遺言書が残されていれば、相続発生後の状況が上手くいくかなど、具体的事例を掲げて解説しています。

また、遺言書が残されていることによる税法上の特例適用の円滑化については、多くの事例を掲げてありますので、実務家にとって参考にしていただけるものと思います。

なお、設例などの数値は、解説の内容を理解しやすいように、金額の単位は万円とし、計算においては万円未満の金額は原則として四捨五入して表示していますので、一定の誤差が生じることについてご了承ください。

また、文中意見にわたる部分は私見ですので、念のため申し添えます。

令和５年10月

税理士　山　本　和　義

著　者　略　歴

山 本 和 義（やまもと　かずよし）

税理士／税理士法人ファミリィ代表社員

〔略　歴〕

昭和57年２月　山本和義税理士事務所開業

平成16年３月　税理士法人FP総合研究所へ改組　代表社員に就任

平成29年９月　税理士法人FP総合研究所を次の世代へ事業承継し退任

平成29年10月　税理士法人ファミリィ設立　代表社員に就任

〔主な著書〕

「相続財産がないことの確認」共著（TKC出版、2016年）

「税理士の相続業務強化マニュアル」（中央経済社、2017年）

「相続人・相続分　調査・確定のチェックポイント」共著（新日本法規出版、2019年）

「配偶者居住権と相続対策の実務－配偶者保護の視点から－」（新日本法規出版、2020年）

「専門家としての遺言書作成、生前贈与、不動産管理法人、生命保険の活用による税務実務」（大蔵財務協会、2020年）

「Ｑ＆Ａ　おひとりさま〔高齢単身者〕の相続・老後資金対策」編著（清文社、2021年）

「税理士が陥りやすい　相続対策の落とし穴－「争族」防止・納税資金・税額軽減・納税申告－」（新日本法規出版、2021年）

「侵害額を少なくするための遺留分対策完全マニュアル」（清文社、2021年）

「新版　タイムリミットで考える　相続税対策実践ハンドブック　生前対策編」（清文社、2022年）

「税理士が知っておきたい　相続発生後でもできる相続税対策」（新日本法規出版、2022年）

「新版　タイムリミットで考える　相続税対策実践ハンドブック　遺産分割・申告実務編」（清文社、2023年）

略　語　表

＜法令等の表記＞

根拠となる法令等の略記例及び略語は次のとおりです（〔　〕は本文中の略語を示します。）。

民法第1047条第１項第１号＝民1047①一

民	民法
相税	相続税法
相税令	相続税法施行令
遺言準拠	遺言の方式の準拠法に関する法律
一般法人	一般社団法人及び一般財団法人に関する法律
会社	会社法
経営承継〔経営承継円滑化法〕	中小企業における経営の承継の円滑化に関する法律
〔憲法〕	日本国憲法
戸籍	戸籍法
借地借家	借地借家法
所税	所得税法
信託	信託法
税通	国税通則法
租特	租税特別措置法
租特令	租税特別措置法施行令
租特規	租税特別措置法施行規則
地税	地方税法
登税	登録免許税法
不登	不動産登記法
法税	法人税法
法税令	法人税法施行令
法適用	法の適用に関する通則法
保険	保険法
相基通	相続税法基本通達
租特通	租税特別措置法関係通達
評基通	財産評価基本通達
所基通	所得税基本通達

＜判例・裁決例の表記＞

根拠となる判例・裁決例の略記例及び出典の略称は次のとおりです。

最高裁判所平成27年２月19日判決、最高裁判所民事判例集69巻１号25頁
＝最判平27・２・19民集69・１・25

国税不服審判所平成27年６月３日裁決、裁決事例集99集273頁
＝平27・６・３裁決　裁事99・273

判時	判例時報
判タ	判例タイムズ
家月	家庭裁判月報
金法	金融法務事情
裁判集民	最高裁判所裁判集民事
訟月	訟務月報
税資	税務訴訟資料
民集	最高裁判所民事判例集
裁事	裁決事例集

目　次

第１章　遺言書作成と相続対策

第２章 遺言書を残しておくことで期待される相続対策の効果

1 相続争いの防止

2 相続手続の円滑化

3 事業承継の円滑化

第１章

遺言書作成と相続対策

遺言書を残すことが相続トラブルの防止に役立ち、相続税法の特例措置の適用を受ける場合にも不可欠なものと考えられます。

そこで、第１章では、遺言書の作成は、相続対策を実行する際に必須のものであると考えられることから、遺言書に関する基本事項について解説することとします。

１　遺言書を作成するメリット

（1）　相続トラブルの防止

明治民法では、家制度の維持を基本として家族法を構成していて、相続についてもこれを考慮し、家長である戸主の法律的・財産的権限を円滑に承継させるための方法として「家督相続制度」が存在しました。しかし、現行憲法が宣言・規定した個人と男女の平等の基本理念にそぐわなくなったことから民法が改正され、「均等均分相続」へと移行されました。

均等均分相続においては、男女及び年齢は全く関係なく、全員同じ権利・義務を有することになりますが、義務を忘れた権利の主張が行われることで、遺産争いに発展することも少なからずあります。

そのため、多くの人が遺言書の作成による相続争いの防止の必要性については、認識をしていると思われます。遺言書は自分の死後において遺産をどのように処分するのかを自らが決めておくための手続です。そのため、遺言書の作成については法定要件を具備したものでないと法的には無効となってしまい、相続人間の遺産争いをますます激化させることにもなりかねません。

会社経営者の人にとっては後継者の議決権の確保のために、不動産賃貸業を営む人にとっては家を継ぐ者へ不動産をより多く相続させ、かつ、相続発生後の賃料収入の帰属で争いにならないようにするために、子がいない人は兄弟姉妹には遺留分がないことから残したい人に遺産を残すために、再婚された人で先妻（又は先夫）との間に子がいる人にとっては遺言者の遺志を明確にしておくことで争いを防止するなど、遺言書の作成は欠かせないものと考えられます。

（2）　遺産争いの現状

令和３年の司法統計資料によると、遺産分割事件のうち認容・調停成立件数は6996件で、そのうち、「審理期間と遺産の価額及び代理人弁護士関与の総数」は以下のようになっています。

審理期間／遺産の価額	総　数	１年以内	２年以内	３年以内	３年超	代理人弁護士関与の総数
総数	6996件	3691件	2211件	751件	343件	5939件
1000万円以下	2310件	1516件	580件	163件	51件	1807件
5000万円以下	3052件	1586件	1052件	304件	110件	2622件
１億円以下	866件	321件	315件	151件	79件	795件

５億円以下	493件	148件	160件	104件	81件	468件
５億円超	28件	9件	6件	6件	7件	28件
算定不能・不詳	247件	111件	98件	23件	15件	219件

（出典：令和３年司法統計年報　３　家事編「第53表　遺産分割事件のうち認容・調停成立件数ー審理期間別代理人弁護士の関与の有無及び遺産の価額別ー全家庭裁判所」（最高裁判所事務総局））

この統計は、１年間に裁判所に持ち込まれた相続争いの中で、調停が成立した件数のうち、一体いくらぐらいの価額帯の遺産で争われていたのかを裁判所がまとめたものです。それによれば、遺産の価額が5000万円以下の占める割合が76.6％を占めていて、1000万円以下の割合は33.0％となっています。自宅以外に分けるものがない場合など遺産の多寡に関係なく、遺産争いになっている現実を垣間見ることができます。

また、審理期間別にみると、審理期間が１年以内で遺産の価額が5000万円以下の認容・調停成立件数は3102件、5000万円以下の総数5362件に対して57.9％であるのに対して、審理期間が１年以内で遺産の価額が5000万円超の認容・調停成立件数（算定不能・不詳件数を除きます。）は478件、5000万円超の総数（算定不能・不詳件数を除きます。）1387件に対する割合は34.5％となっています。遺産の価額が多いほど審理期間が長くなっていることが分かります。

弁護士の関与の割合も、遺産の価額が5000万円以下の総数は4429件で、5000万円以下の総数5362件に対する割合は82.6％で、遺産の価額が5000万円超の割合（算定不能・不詳件数を除きます。）は93.1％（1291件÷1387件）となっています。遺産の額が多ければ弁護士の関与割合も高くなっています。

（３）　相続人以外の者に対して財産を残すことができる

遺言書によれば、相続人以外の者に対して財産を残すことができます。

そのため、内縁の妻（夫）や孫、子の配偶者など遺言書で遺贈すると指定しておくことで遺産をそれらの者に相続させることができます。

また、公益法人等への遺贈寄附によって遺産を遺言者の希望に沿った形で活かすこともできます。

（４）　相続税法等の特例措置を受けることができる

遺言書が残されていた場合のメリットとして、一般的には遺産争いの防止の効果について強調されています。

しかし、相続税の申告期限までに分割協議が調わなかった場合には、農地等についての相続税の納税猶予や、非上場株式等についての相続税の納税猶予などは適用を受けることができません。また、小規模宅地等の特例のうち、特定事業用宅地等についての適用も、被相続人の事業を相続税の申告期限までに承継することが要件の一つとされていることから、相続税の申告期限後に遺産分割協議が調って、被相続人の事業を承継することになっても特定事業用宅地等としての特例の適用を受けることができない可能性があります。

また、賃料収入は遺産分割協議が調うまでの間、遺産とは別個のものであることから相続人の相続分によってそれぞれに帰属するとされています。さらに、配偶者の税額軽減制度の適用については、原則として、相続税の申告期限までに遺産分割協議が調うことも要件とされていることから、遺言書が残されていればそれらの特例も支障なく適用を受けることができます。

遺言書が残されていると「遺言相続」が優先され、仮に遺留分の侵害がある内容の遺言書で遺留分の請求があっても、平成30年の民法改正（平成30年法律72号）によって遺留分減殺請求権から遺留分侵害額請求権に改正されたことから、遺産が共有状態に戻ることはありません。

２　遺言の必要性が特に強いと思われる場合

一般的にいえば、ほとんどの場合において、遺言者が、自分のおかれた状況や家族関係をよく頭に入れて、それにふさわしい形で財産を承継させるように遺言をしておくことが、遺産争いを予防するため、また後に残された者が困らないために、必要なことであるといってよいと思います。ただし、下記のような場合には、遺言をしておく必要性がとりわけ強く認められる、といえましょう。

①　子がなく、配偶者と兄弟姉妹が相続人となる場合（兄弟姉妹には遺留分が認められていないので、遺言書どおり相続させることができる。）
②　先妻の子と後妻（子がいる場合を含む。）がいる
③　子の中で特別に財産を多く与えたい者がいる、又は財産を与えたくない子がいる
④　相続人が国外に居住していて、国内に不動産を所有し国内に居住する相続人に相続させたい（相続による移転登記がスムーズに行える。）
⑤　相続権のない子の配偶者、孫や兄弟姉妹などに遺産を与えたい
⑥　会社オーナーで後継者へ必要な議決権を確保させたい
⑦　内縁の妻や認知した子がいる
⑧　生前世話になった第三者に財産の一部を渡したい
⑨　財産を公益事業に寄附したい

⑩　銀行借入金等で賃貸住宅等を建築し、賃貸料で借入金の返済をしている場合（遺言書が残されていないと賃料収入は、遺産分割協議が調うまでの間、相続人の法定相続分によってそれぞれに帰属することになる。）

３　遺言の方式

民法では、普通方式遺言３種類と、特別方式遺言４種類を定めています。

普通方式遺言は、自筆証書遺言、公正証書遺言、及び秘密証書遺言の３種類です。原則として、この普通方式遺言３種類の中から選択して遺言書を作成します。ただし、生命の危機が迫るような緊急時のために、特別方式遺言も規定されています。特別方式遺言は、死亡危急者遺言、船舶遭難者遺言、伝染病隔離者遺言及び在船者遺言の４種類です。

<table>
<tr><td rowspan="7">遺言の方式</td><td rowspan="3">普通方式</td><td colspan="2">自筆証書遺言</td><td>民968・971</td></tr>
<tr><td colspan="2">公正証書遺言</td><td>民969・969の２</td></tr>
<tr><td colspan="2">秘密証書遺言</td><td>民970・972</td></tr>
<tr><td rowspan="4">特別方式</td><td rowspan="2">危急時遺言</td><td>死亡危急者遺言</td><td>民976</td></tr>
<tr><td>船舶遭難者遺言</td><td>民979</td></tr>
<tr><td rowspan="2">隔絶地遺言</td><td>伝染病隔離者遺言</td><td>民977・980</td></tr>
<tr><td>在船者遺言</td><td>民978・980</td></tr>
</table>

（１）　普通方式の遺言書の概要

普通方式の遺言には、自筆証書遺言、公正証書遺言、秘密証書遺言の３種類があります。以下のその概要を一覧表にして確認することとします。

種　　類	自筆証書遺言	公正証書遺言	秘密証書遺言
作成方法	本文部分は遺言者が自書し、財産目録は自書以外も可。（※１） ＊財産目録には署名・押印をしなければならない。	本人が口述し、公証人が筆記する。 ＊必要書類 ・印鑑登録証明書 ・身元確認の資料 ・相続人等の戸籍謄本 ・登記簿謄本等	本人が遺言書に署名・押印後、遺言書を封じ同じ印で封印する。公証人の前で本人が住所氏名を記す。 公証人が日付と本人が述べた内容を封紙に記載する。 ＊パソコンによる作成、代筆可

場　所	自由	原則として公証人役場	原則として公証人役場
証　人	不要	証人２人以上	公証人１人、証人２人
署名押印	本人	本人、公証人、証人	本人、公証人、証人
家庭裁判所の検認（※２）	必要（法務局に保管されている場合は不要）	不要	必要

（※１）　平成31年１月13日以降に作成されたものについての取扱いです。

（※２）　令和２年７月10日から自筆証書遺言については、法務局で保管制度が開始され、保管されている自筆証書遺言は検認不要とされています（法務局における遺言書の保管等に関する法律）。

①　公正証書遺言の作成

公正証書遺言の作成については、民法969条において、「次に掲げる方式に従わなければならない。」と規定し、①証人２人以上の立会いがあること、②遺言者が遺言の趣旨を公証人に口授すること、③公証人が、遺言者の口述を筆記し、これを遺言者及び証人に読み聞かせ、又は閲覧させることとしています。

しかし、最高裁判決では、公証人が、あらかじめ他人から聴取した遺言の内容を筆記し、公正証書用紙に清書した上、その内容を遺言者に読み聞かせたところ、遺言者が右遺言の内容と同趣旨を口授し、これを承認して右書面にみずから署名押印したときは、公正証書による遺言の方式に違反しない（最判昭43・12・20民集22・13・3017）としています。

②　自筆証書遺言の作成

平成30年の民法改正（平成30年法律72号）によって、平成31年１月13日以降に作成された自筆証書遺言については、本文は自書し、財産目録については別紙にパソコンで一覧表を作成してそれを添付するなどの方法によることができることとされました。

また、令和２年７月10日から法務局において自筆証書遺言を保管する制度が開始されています。このことによって、遺言書の紛失・改ざんなどのリスクが回避され、かつ、遺言書の検認手続も不要とされています。

自筆証書遺言が貸金庫に保管されている場合、相続人全員の協力が得られないときに、貸金庫を開扉して遺言書を取り出すことができなくなる可能性があります。そのため、自筆証書遺言はできるだけ法務局で保管してもらうようにしましょう。

自筆証書遺言の方式として自書のほかに押印を要するとした趣旨は、遺言全文の自書と相まって遺言者の同一性及び真意を確保するとともに、重要な文書については作成者が署名しその下に押印することで文書の作成を完結させるという、我が国の慣行ないし法意識に照らして、文書の完成を担保するところにあるから、この趣旨を損なわない限り、押印の位置は必ずしも署名下であることを要しないと解される（最判平６・６・24裁判集民172・733）と判示しています。

なお、自筆証書遺言が無効だと言われる理由で多いのが、「本人の自書ではない」、又は「遺言作成時に意思能力がなかった」というものです。これに備えて、被相続人の生前に書いた手紙やハガキ、保険契約書や銀行借入れの申込書などの書類を保存しておくことで、自書であることを主張することができます。

また、意思能力の有無については、ビデオで遺言書作成風景を撮る、遺言書作成時の会話を録音することも証拠として役立ちます。

③　秘密証書遺言の作成

秘密証書遺言は、遺言者が、遺言の内容を記載した書面（自筆証書遺言と異なり、自書である必要はないので、パソコン等を用いても、第三者が筆記したものでも構いません。）に署名押印をした上で、これを封じ、遺言書に押印した印章と同じ印章で封印した上、公証人及び証人２人の前にその封書を提出し、自己の遺言書である旨及びその筆者の氏名及び住所を申述し、公証人が、その封紙上に日付及び遺言者の申述を記載した後、遺言者及び証人２人と共にその封紙に署名押印することにより作成されるものです。

上記の手続を経由することにより、その遺言書が間違いなく遺言者本人のものであることを明確にでき、かつ、遺言の内容を誰にも明らかにせず秘密にすることができます。

しかし、秘密証書遺言は、公正証書遺言と同じように原則として公証役場で作成しますが、遺言書の内容を密封して、公証人も内容を確認できないため、形式不備や内容の無効箇所があると、遺言書が無効となるリスクもあります。

なお、秘密証書による遺言は、秘密証書遺言に定める方式に欠けるものがあっても、自筆証書遺言の方式を満たしているときは、自筆証書による遺言としてその効力を有します。

＜公正証書遺言と自筆証書遺言（法務局で保管してもらう場合）の相違点＞

	公正証書遺言	自筆証書遺言
作成者と作成方法	遺言者の意思を確認して公証人が作成(遺言者が署名できない場合、公証人がその旨を証書に記載し捺印して作成することができる（公証人法39④）)	本文部分は遺言者が自書し、財産目録は自書以外も可
証人の有無	証人が２人以上必要	証人は不要
保管制度	公証人役場で保管	遺言者自らが法務局に出向き、法務局で保管
撤回方法	公証人役場から遺言書の返還を受けることはできないため、他の遺言書で撤回の意思表示を行うなどの方法による	法務局に預けている遺言書の返還を受け、廃棄して撤回することもできる
安全性	公証人が関与することから、無効になる可能性が低い	遺言の内容や遺言者の意思について、紛争になる可能性が公正証書遺言と比較して高い
費　用	遺言書作成に当たり、公証人などに対する費用が発生する	遺言書作成費用は生じない。法務局で保管してもらうときに保管費用が発生する

＜自筆証書遺言が法務局に保管されているか否かによる相違点＞

	保管されている場合	保管されていない場合
検認手続	不要	要
紛失・改ざん・隠匿のおそれ	ない	ある
費　用	保管料などの負担がかかる	かからない
保管手続	本人が法務局に出頭して預ける	－
遺言書の様式	法務省令で定める様式に限る	自由

適合性のチェック	遺言書保管官が外形的な確認（日付・氏名・押印など）を行う	ない
遺言書の撤回	別の遺言で撤回する旨を書く、又は法務局に出向き保管の申請の撤回をし、その遺言書を破棄するなど	別の遺言で撤回する旨を書く、又は手許の遺言書を破棄するなど
相続手続	遺言書保管官から交付を受けた「遺言書情報証明書」で手続をする	検認済み証書がついた遺言書で手続をする
遺言書の原本の返還	遺言者の生前中は遺言書の返還を受けることができる。ただし、死亡後は返還されない	－
遺言書の有無の確認	遺言書保管官から「遺言書保管事実証明書」の交付を受けることで確認できる	金庫や重要書類の保管場所などを探す

（２） 特別方式の遺言書の概要

特別方式の遺言には、以下の４つの方式があります。なお、特別方式の遺言は、遺言者が普通方式による遺言をすることができるようになった時から６か月生存するとき効力を失います（民983）。

遺言の方式	概　要
死亡危急者遺言（民976）	疾病等により死亡の危急が迫った者が、証人３人以上の前で遺言の趣旨を口授、証人が筆記するなど一定の要件を備えたもの。遺言の日から20日以内に家庭裁判所に請求しその確認を得なければ効力を失う。
船舶遭難者遺言（民979）	遭難した船舶中に在って死亡の危急が迫った者が、証人２人以上の立会いをもって口頭で行ったもの。遅滞なく家庭裁判所に請求しその確認を得なければ効力を失う。
伝染病隔離者遺言（民977）	伝染病のため行政処分によって交通を断たれた場所に在る者が、警察官１人及び証人１人以上の立会いをもって作成したもの。
在船者遺言（民978）	船舶中に在る者が、船長又は事務員１人及び証人２人以上の立会いをもって作成したもの。

４　遺言の撤回

（１）　新たな遺言書を作成

遺言の撤回方法の一つとして、新たに遺言をして、その遺言書の中で前の遺言を撤回すると表明する方法があります。直接的で最も明確な方法です。例えば、以前に作成した遺言を撤回する場合に新たに作成する遺言書に「第１条　遺言者は、本日以前における遺言者の遺言（公正証書遺言を含む。）の全てを撤回し、改めて以下のとおり遺言する。」などと記載します。

なお、撤回の意思を争われるおそれもありますので、後の遺言は公正証書のような、より厳格な方法で行うことをお勧めします。

（２）　法定撤回

遺言者の撤回の意思表示がなされていなくても、一定の事実があったときには、民法では遺言の撤回があったものと扱われます。これを法定撤回といいます。

①　後の遺言で前の遺言と異なる遺言を行う

民法では、前の遺言が後の遺言と抵触するときは、その抵触する部分については、後の遺言で前の遺言を撤回したものとみなすと定めています（民1023①）。

そのため、前の遺言で「Ａ土地を妻へ相続させる」と遺言し、後の遺言で「Ａ土地を長男へ相続させる」としている場合には、Ａ土地は長男が相続することになります。

一方、前の遺言で「土地を妻へ相続させる」とだけ遺言してあって、後の遺言で「有価証券を長男へ相続させる」としてあれば、二つの遺言はそれぞれ有効になります。

②　生前処分などを行う

遺言と抵触する生前処分がされた場合とは、例えば、「甲建物は長男に相続させる」という遺言書を父が残していたとします。その場合、遺言者である父が死亡すると、甲建物は長男が取得することになります。

しかし、その遺言書が作成されてから、父が甲建物を長女の子に贈与してしまっていた場合、長男は甲建物を取得することができません。

なぜなら、父が甲建物を長女の子に贈与するという行為は、上記遺言と抵触していますから、この遺言は撤回されたことになるからです（民1023②）。

遺言者である父の意思としても、遺言書を作成した後に長女の子に対して贈与をしたということは、甲建物は長男ではなく長女の子に贈与したいというのが最終的な意思と思われるので、その意思を尊重することにもなります。

【民　法】

（前の遺言と後の遺言との抵触等）

第1023条　前の遺言が後の遺言と抵触するときは、その抵触する部分については、後の遺言で前の遺言を撤回したものとみなす。

2　前項の規定は、遺言が遺言後の生前処分その他の法律行為と抵触する場合について準用する。

③　遺言書を破棄する

遺言を撤回する方法として、遺言書を破棄することが直接的で最も簡単なものです。しかし、公正証書遺言の場合、原本が公証役場に保管されているため、手許にある公正証書遺言の謄本や正本を破棄しても遺言の撤回に当たりません。公正証書遺言は公証人法25条によって公証人の作成した証書の原本は原則として役場外へ持ち出しすることを禁じています。そのため、遺言者が公証役場に行って遺言公正証書の保管の撤回を求めることができません（法務局で保管してもらっている自筆証書遺言の場合には、保管の撤回をすることができます。）。

【民　法】

（遺言書又は遺贈の目的物の破棄）

第1024条　遺言者が故意に遺言書を破棄したときは、その破棄した部分については、遺言を撤回したものとみなす。遺言者が故意に遺贈の目的物を破棄したときも、同様とする。

その他にも、方式不備によって無効となる場合、無効事由（認知症等による遺言能力の欠如等）・取消事由（錯誤や詐欺）が存在する場合もあります。

5　法定記載事項

遺言は、原則的には遺言者の死亡により効力を生じ、また、相続人等の利害関係者に影響を及ぼす行為であるため、遺言をすることができる行為が法律で定められています。よって、法律で定められた事項以外のことを遺言書に記載しても、その遺言は法律上の効果はありません。

「私の死んだ後もお互いに助け合って家族仲良く暮らすように」といったものは、遺言ではありますが、法的効力は生じません。

【遺言事項】

① 認知（民781②）
② 未成年後見人、未成年後見監督人の指定（民839・848）など
③ 推定相続人の廃除とその取消し（民893・894②）
④ 祖先の祭祀主宰者の指定（民897）
⑤ 相続分の指定、指定の委託（民902）
⑥ 持戻しの免除の意思表示（民903③）
⑦ 遺産分割方法の指定、指定の委託、遺産分割の禁止（民908）
⑧ 遺言による担保責任の定め（民914）
⑨ 包括遺贈・特定遺贈（民964）
⑩ 遺言執行者の指定（民1006①）
⑪ 配偶者居住権の存続期間に係る別段の定め（民1030）
⑫ 遺留分侵害額の負担の定め（民1047）
⑬ 財団法人の設立（一般法人152②・158②）
⑭ 信託の設定（信託３二）
⑮ 保険金受取人の変更（保険44・73）
⑯ 遺言の撤回（民1022）など

※以上のうち、遺言でしかできない事項としては、②、⑤、⑦、⑧、⑨、⑩、⑫とされています。認知・推定相続人の廃除とその取消し・財産の処分（遺贈及び寄附行為など）などの事項は、遺言によっても生前に行っても、どちらでも法律的効力をもっています。

６　相続欠格・廃除

（１）　相続欠格

被相続人の相続に関する遺言行為に関して、不当に干渉したり、取消しや変更をさせた場合や、遺言書を偽造・変造・破棄・隠匿したような場合には、相続人となることができない旨規定しています（民891）。また、欠格者は、遺贈を受けることも、遺留分も認められません（民965）。

この規定は、相続人であっても、一定の重大な事情が存することにより、この者に相続させることが一般の法感情からみて妥当でない場合があるとして、このような事情として５つの事由を掲げ、相続人がそのいずれか一つに該当するときは、被相続人の意思を問うことなしに、法律上当然に相続人たる資格を失うものとしたものであり、

相続人の一定の重大な非行に対する制裁を趣旨とするものです。

そして、相続欠格の効果は、（裁判や審判による確定をせずとも）法律上当然に発生し、欠格事由が相続開始前に生じた場合には、その時に欠格の効果が発生し、欠格事由が相続開始後に生じた場合には、相続開始時に遡って欠格の効果が発生するとされています。

また、欠格の効果は本人に限られ、直系卑属には及ばないため、当該直系卑属は欠格者の代襲相続人となります（民887②）。

相続人が相続欠格であるという事実は、戸籍に記載されることはありません。したがって、不動産登記の実務では、相続欠格者であることの立証がない限り、相続適格者として扱うこととなっています。相続登記を、相続欠格者を除いてする場合には、添付書類として、相続欠格者の作成した民法891条所定の欠格事由が存する旨を記した証明書（後掲**【参　考】相続欠格証明書（見本）**参照）と相続欠格者の印鑑証明書、又は欠格事由を証する確定判決の謄本（確定証明書付き）を添付して行います。

相続欠格事由に該当することが明らかになった時には既に欠格者が相続してしまっている場合には、真正な相続人は相続財産を取得した欠格者に対して相続回復請求（民884）をすることになります。

【民　法】

（相続人の欠格事由）

第891条　次に掲げる者は、相続人となることができない。

一　故意に被相続人又は相続について先順位若しくは同順位にある者を死亡するに至らせ、又は至らせようとしたために、刑に処せられた者

二　被相続人の殺害されたことを知って、これを告発せず、又は告訴しなかった者。ただし、その者に是非の弁別がないとき、又は殺害者が自己の配偶者若しくは直系血族であったときは、この限りでない。

三　詐欺又は強迫によって、被相続人が相続に関する遺言をし、撤回し、取り消し、又は変更することを妨げた者

四　詐欺又は強迫によって、被相続人に相続に関する遺言をさせ、撤回させ、取り消させ、又は変更させた者

五　相続に関する被相続人の遺言書を偽造し、変造し、破棄し、又は隠匿した者

【参　考】相続欠格証明書（見本）

相続欠格証明書

私、○○○○は、被相続人○○○○（令和５年２月１日死亡）の相続に関し、民法第891条第○号に規定する欠格者に該当することを申述します。

以上のとおり、相違ないことを証明します。

令和５年４月３日

大阪市○○町○丁目○番○号

○○○○　実印

なお、民法891条５号に規定する「隠匿」については、もっぱら自らの利益を図るための隠匿のみが欠格事由に当たると限定解釈されています（最判平９・１・28民集51・１・184）。

【判　例】最高裁平成９年１月28日判決（民集51・１・184）

相続人が相続に関する被相続人の遺言書を破棄又は隠匿した場合において、相続人の右行為が相続に関して不当な利益を目的とするものでなかったときは、右相続人は、民法891条５号所定の相続欠格者には当たらないものと解するのが相当である。

【設　例】相続欠格により代襲相続があった場合

1．被相続人　父（令和４年３月死亡）

2．相続人　長男・長女（Ａ及びＢの２人の子がいる）

3．父の遺言書

亡くなる直前の令和４年２月に、財産の全てを長女に相続させる旨の遺言書を作成していた。

4．遺言書の無効確認訴訟及び長女の相続権不存在確認訴訟

長男は、相続開始後の令和４年10月、遺言書は長女が父を強迫したことにより作成されたものであり、長女の行為は民法891条３号の事由に該当するとして、遺言書の無効確認訴訟及び長女の相続権不存在確認訴訟をそれぞれ提起した。

5．相続税の申告

長男は、父の遺産は未分割であるとして、相続税法55条《未分割遺産に対する課税》

の規定に基づき、また、長女は遺言書に基づきその財産の全てを自らが取得したものとして、それぞれ父に係る相続税の申告を期限内に行った。

6. 訴訟の確定

令和５年３月、遺言書は無効であること及び長女は相続欠格者であり相続権がないことがそれぞれ確定した。

7. 更正の請求等

① 長女の更正の請求

相続開始後の訴訟等において後発的に相続欠格が明らかにされた場合には、相続特有の後発的事由に基づく更正の請求を規定した相続税法32条１項２号に掲げる「‥その他の事由により相続人に異動を生じたこと」に該当する。

したがって、長女は、相続欠格であることが確定したことを知った日の翌日から４か月以内に更正の請求をすることができる。

② 代襲相続人Ａ及びＢの相続税に係る申告期限

相続欠格の効果は本人に限られ、直系卑属には及ばないことから、相続開始後に長女が相続欠格者であることが確定したことから、長女の子であるＡ及びＢは、相続開始時に遡って長女の父の代襲相続人となる。

そして、相続税の申告期限については、相続税法27条《相続税の申告書》に規定する「その相続の開始があったことを知った日」の翌日から10か月とされていて、この「その相続の開始があったことを知った日」とは、自己のために相続の開始があったことを知った日をいう（相基通27－４）。

したがって、代襲相続人Ａ及びＢの相続税に係る申告期限は、長女の相続欠格が確定したことを知った日の翌日から10か月以内となる。

（２） 推定相続人の廃除

民法には相続欠格と同様の制度として推定相続人の廃除を規定し（民892）、これは軽度の非行に対する制裁を趣旨とするものであり、法律上当然に相続人たる資格を失うものではなく、被相続人の意思によって相続人たる資格を剥奪できるとしている点において、相続欠格と性質を異にしています。

推定相続人の廃除は、遺留分を有する推定相続人が、被相続人に対して虐待をし、若しくはこれに重大な侮辱を加えたとき、又は推定相続人にその他の著しい非行があったときは、被相続人は、その推定相続人の廃除を家庭裁判所に請求することができます。その後、調停の審判により相続人を廃除するかどうかが決定されます。

そのため、遺留分が認められていない兄弟姉妹や、推定相続人の配偶者及び家庭裁判所の許可を得て相続開始前に遺留分を放棄した相続人（東京高決昭38・９・３判タ163・

207）については、廃除の対象外とされます。

また、被相続人は遺言で相続人の相続廃除もできます。この場合、被相続人が死亡して相続が開始された後に、遺言執行者が家庭裁判所に廃除請求をしますので、遺言で相続廃除をする場合は、同じく遺言執行者も決めていなければなりません。この場合において、推定相続人の廃除は、被相続人の死亡の時にさかのぼってその効力を生じることとされています（民893）。

なお、廃除が認められると、廃除された人の戸籍謄本に廃除の記載がされます（戸籍97）。

【推定相続人の廃除を家庭裁判所に申し立てて確定した場合の戸籍謄本の記載例】

【推定相続人廃除の裁判確定日】令和○年○月○日
【被相続人】○○　○○
【届出日】令和○年○月○日
【届出人】○○　○○
【届出を受けた日】令和○年○月○日
【受理者】大阪市北区長

＜相続欠格と推定相続人廃除の相違点＞

	相続欠格（民891）	推定相続人の廃除（民892）
対象者	相続人	遺留分を有する相続人
欠格・廃除の事由	死亡させ、詐欺又は強迫によって遺言書を変更等させ、又は遺言書を破棄、隠匿等をしたこと	虐待、重大な侮辱、その他著しい非行
効力を生じさせる方法	法律上当然に効力が生じる	本人又は遺言執行者が家庭裁判所へ請求
遺言による手続	―	廃除することができる
取消し	不可	可能
遺留分	認められない	認められない

遺贈で受ける権利	認められない	遺贈を受けることができる
代襲相続の可否	代襲相続できる	代襲相続できる
戸籍の記載	なし	あり

7　予備的遺言（補充遺贈）

遺贈は、「遺言者の死亡以前に受遺者が死亡したときは、その効力を生じない。ただし、遺言者がその遺言に別段の意思を表示したときは、その意思に従う」（民994）と規定しています。また、「遺贈が効力を生じないときは、受遺者が受けるべきであったものは、相続人に帰属する。ただし、遺言者がその遺言に別段の意思を表示したときは、その表示に従う」（民995）と規定しています。

最高裁は、受遺者が遺言者よりも先に死亡したときはその受遺者の代襲者その他の者に遺産を相続させる旨の意思を有しているとみるべき特段の事情がない限り、その効力を生ずることはないと解される（最判平23・２・22民集65・２・699）としています。

配偶者と兄弟姉妹の相続の場合で、全ての財産を配偶者に相続させたいと思う場合には、「妻（夫）○○に全ての財産を相続させる」とする内容を記載するだけで、簡便に自筆証書遺言書の作成が可能であることから、高齢者であっても無理なく遺言書を残すことができると考えます。この場合、夫婦のいずれが先に相続が発生するか分からないので、お互いが遺言書を作成しておくことが大切です。

その場合、遺言を夫婦で相互に作るとはいえ、同じ遺言書に２人の名前を連名で書いてはいけません。連名で遺言を書くと、遺言が無効となってしまいます。民法975条（共同遺言の禁止）は、遺言は、２人以上の者が同一の証書ですることができないとしています。

なお、相続人や受遺者が、遺言者の死亡以前に死亡した場合（以前とは、遺言者より先に死亡した場合だけでなく、遺言者と同時に死亡した場合も含みます。）、死亡した者の遺言の当該部分は失効してしまいます。そのため、受遺者の相続人が代襲相続することはなく、遺言者の相続人が相続することになります。したがって、そのような心配のあるときは、予備的に、例えば、「もし、妻（又は夫）が遺言者の死亡以前に死亡したときは、その財産を○○に遺贈する。」と書いておくようにしましょう。これを「予備的遺言」又は「補充遺贈」といいます。

８　遺言書の検認と検索

（１）　遺言書の検認

公正証書遺言又は法務局で保管されていた自筆証書遺言以外の遺言書の保管者又は遺言書を発見した人は、相続の開始を知った後、遅滞なく、これを家庭裁判所に提出して、その検認を請求しなければならないとされています（民1004）。遺言書を提出することを怠り、その検認を経ないで遺言を執行し、又は家庭裁判所外においてその開封をした者は、５万円以下の過料に処せられます（民1005）ので、勝手に開封しないように注意しましょう。

家庭裁判所の行う遺言書の検認は、遺言書の状態を確認し、後日における偽造変造を予防し、その保存を確実ならしめる目的で行う一種の検証手続にすぎません。そのため、遺言書の内容の真否、その効力の有無等遺言書の実体上の効果を判断するものではなく、また、検認の有無によってその遺言の効力が左右されることはないと解されています（最判昭61・５・29（昭61(オ)223））。

検認の申立てを行うと、家庭裁判所より相続人全員に検認の日時が通知され、遺言書の開封を行います。招集された相続人が立会うかどうかは、各人の任意です。

＜遺言書の検認件数（既済：総数）＞

年　分	件　数	年　分	件　数	年　分	件　数
平成12年	10170件	平成20年	13588件	平成28年	17117件
平成13年	10351件	平成21年	13906件	平成29年	17481件
平成14年	10396件	平成22年	14803件	平成30年	17334件
平成15年	11363件	平成23年	15200件	令和元年	18536件
平成16年	11582件	平成24年	15971件	令和２年	18095件
平成17年	12287件	平成25年	16653件	令和３年	19570件
平成18年	12552件	平成26年	16761件		
平成19年	13335件	平成27年	16944件		

（出典：司法統計年報　３　家事編「第３表　家事審判事件の受理、既済、未済手続別事件別件数－全家庭裁判所」（最高裁判所事務総局）を参考に作成）

（２）　遺言書の検索

相続手続に当たって遺言書が残されていなかったかの確認は欠かせません。なぜなら、遺言については、遺言者の死亡によってその効力が発生し、遺言者の最終意思を尊重するという遺言制度の趣旨から、「遺言は法定相続に優先する」とされているからです。

遺産分割協議成立後に遺言書が発見され、分割協議が無効とされた判例（最判平５・12・16判時1489・114）では、遺産分割に参加した相続人が自己に極めて有利な遺言書の存在を全く知らず、もし遺言の内容を知っていれば遺産分割の合意をしなかったであろうといえるときには、遺産分割に要素の錯誤（民95）ありとして、遺産分割協議が無効とされています。

【民　法】

（錯誤）

第95条　意思表示は、次に掲げる錯誤に基づくものであって、その錯誤が法律行為の目的及び取引上の社会通念に照らして重要なものであるときは、取り消すことができる。

一　意思表示に対応する意思を欠く錯誤

二　表意者が法律行為の基礎とした事情についてのその認識が真実に反する錯誤

２　〔以下略〕

①　公正証書遺言の検索

平成元年（東京都内は昭和56年）以降に作成された公正証書遺言であれば、日本公証人連合会において、全国的に、公正証書遺言を作成した公証役場名、公証人名、遺言者名、作成年月日等をコンピューターで管理していることから、最寄りの公証人役場でその作成の有無をすぐに確認することができます。

なお、秘密保持のため、相続人等利害関係人のみが公証役場の公証人を通じて照会を依頼することができることになっていますので、亡くなった方が死亡したという事実の記載があり、かつ、亡くなった方との利害関係を証明できる記載のある戸籍謄本と、自身の身分を証明するもの（運転免許証等）を持参し、最寄りの公証役場に相談してください。

また、遺言の存否の照会は、全国どこの公証役場からでも請求できますが、公正証書遺言の閲覧･謄本請求はその遺言を作成した公証役場にしなければなりません。

なお、公証人役場で保存する原本等が滅失や著しく毀損するなどして公正証書遺言の復元が困難になった場合に備え、平成26年４月１日から全ての公証人役場で、その原本を電磁的に記録（暗号化）して別途保管しています。

遺言者の生存中は、秘密保持のため、その存在の有無も含め照会には応じません（遺言者に限り謄本の請求ができます。）。

＜検索を依頼する場合の必要書類＞

<table>
<tr><th colspan="2">検索希望者</th><th>必要書類</th></tr>
<tr><td colspan="2">共　通</td><td>①　死亡した人の除籍謄本（死亡確認のため）
②　検索を依頼する方の身分証明書（運転免許証、パスポート、個人番号カード等で、健康保険証は不可）
③　認印</td></tr>
<tr><td rowspan="5">検索希望者</td><td>相続人</td><td>相続人であることを証明する戸籍謄本</td></tr>
<tr><td>代襲相続人</td><td>代襲相続人であることを証明する戸籍謄本</td></tr>
<tr><td>相続人ではない受遺者</td><td>①　受遺者であることが想定できる資料及び説明（利害関係人か否かの判断に必要）
②　受遺者が親族である場合、戸籍謄本等</td></tr>
<tr><td>相続財産管理人</td><td>相続財産管理人であることを明らかにする家庭裁判所の決定</td></tr>
<tr><td>税理士等第三者</td><td>①　相続人の遺言検索に係る委任状（相続人の実印が押印されたもの）
②　委任者の３か月以内発行の印鑑登録証明書
③　相続人（又は代襲相続人）等の戸籍謄本</td></tr>
</table>

※死亡した人の除籍謄本や相続人の戸籍謄本等に代えて、認証文のある法定相続情報一覧図を利用することもできます。

遺言検索に係る費用は無料とされています。なお、公正証書原本閲覧の手数料は１回につき200円、公正証書謄本交付については、１枚250円×紙枚数とされています（公証人手数料令40・41）。

＜遺言公正証書の数の推移＞

	遺言公正証書件数（件）	増加率（%）		遺言公正証書件数（件）	増加率（%）		遺言公正証書件数（件）	増加率（%）
平成元年	40941	—	平成13年	63804	4.2	平成25年	96020	8.9
平成２年	42870	4.7	平成14年	64007	0.3	平成26年	104490	8.8
平成３年	44652	4.2	平成15年	64376	0.6	平成27年	110778	6.0
平成４年	46764	4.7	平成16年	66592	3.4	平成28年	105350	—
平成５年	47104	0.7	平成17年	69831	4.8	平成29年	110191	4.6
平成６年	48156	2.2	平成18年	72235	3.4	平成30年	110471	0.2
平成７年	46301	—	平成19年	74160	2.7	令和元年	113137	2.4
平成８年	49438	6.8	平成20年	76436	3.1	令和２年	97700	—
平成９年	52433	6.1	平成21年	77878	1.9	令和３年	106028	8.5
平成10年	54973	4.8	平成22年	81984	5.3	令和４年	111977	5.6
平成11年	57710	5.0	平成23年	78754	—			
平成12年	61255	6.1	平成24年	88156	11.9			

※秘密証書遺言の作成件数は、令和元年100件、令和２年76件、令和３年78件、令和４年68件となっています。

（出典：日本公証人連合会ウェブサイトを参考に作成）

②　秘密証書遺言の検索

秘密証書遺言は、最寄りの公証人役場でその作成の有無を確認することができます。しかし、原本は公証人役場で保管されていないため、作成の事実は確認できても発見されないこともあります。なお、秘密証書遺言の年間の作成件数は100件程度しかありません。

③　自筆証書遺言

令和２年７月10日以降は、法務局で自筆証書遺言を保管してもらえる制度が開始されましたので、関係相続人等は遺言者の死亡後、法務局で自筆証書遺言の保管の有無の確認ができます。また、法務局で保管されていた場合には、あらかじめ遺言者が指定した１名に対して遺言書の保管の旨が通知されます。さらに、「遺言書保管事実証明書」（１通につき、800円）及び「遺言書情報証明書」（１通につき、1400円）の交付を受けることができます（法務局における遺言書の保管等に関する法律関係手数料令１三・四）。

法務局の公表資料によると、遺言書保管事実証明書の交付請求件数も増加傾向にあります。

＜遺言書保管制度の利用状況＞

（単位：件）

	遺言書の手続		相続人等の手続		
	保管申請	閲覧請求	遺言書情報証明書の交付請求	遺言書の閲覧請求	遺言書保管事実証明書の交付請求
令和２年７月～12月	12631（12576）	24	63	0	91
令和３年１月～12月	17002（16954）	44	684	8	984
令和４年１月	1116（1115）	11	73	0	110
令和４年２月	1039（1037）	4	90	0	112
令和４年３月	1420（1412）	5	97	1	157
令和４年４月	1276（1274）	2	96	2	132
令和４年５月	1404（1401）	4	99	1	146
令和４年６月	1576（1574）	10	118	2	159
令和４年７月	1263（1261）	7	90	0	112
令和４年８月	1583（1578）	5	107	1	176
令和４年９月	1454（1450）	5	93	1	171
令和４年10月	1452（1445）	10	118	3	166
令和４年11月	1591（1591）	4	116	1	177
令和４年12月	1628（1626）	5	114	1	161
令和５年１月	1273（1272）	4	147	1	176
令和５年２月	1615（1613）	6	131	2	220
令和５年３月	1845（1841）	15	156	1	251
令和５年４月	1528（1525）	7	122	1	209
令和５年５月	1668（1665）	13	143	0	220

令和5年6月	1592（1591）	14	159	1	224
令和5年7月	1440（1435）	8	159	0	181
令和5年8月	1555（1551）	9	182	2	238

※カッコ内は保管件数

（出典：「遺言書保管制度の利用状況」（法務省）（https://www.moj.go.jp/MINJI/common_igonsyo/pdf/number.pdf（2023.09.19））を加工して作成）

第２章

遺言書を残しておくことで期待される相続対策の効果

第２章では、遺言書を残しておくことで期待される相続対策の効果について、具体的事例などを掲げて確認します。

1　相続争いの防止

【1】 遺言者の遺志に従った遺産相続

相続財産はそれほど多くはありません。しかし、長男の今後の生活を考慮した場合、他の子よりも多く遺産を残してやりたいと考えています。

私の願いをかなえるために、遺言書を残そうと考えますが、留意すべき点などあれば教えてください。

対　策	遺言相続は法定相続に優先しますので、遺留分の侵害のない内容の遺言書であれば、遺言に従って希望どおり遺産を相続させることができます。

解　説

遺言が残されていた場合には、遺言相続が法定相続に優先します。被相続人が遺言書で遺産の引継ぎについて定めていない場合に、初めて民法の法定相続の規定が登場し、法定相続は補充的なものだと考えられます。

遺言書による相続も、法定相続も、民法が人の死亡による財産の承継について定めたルールですが、民法の原則（私的自治の原則）が強く意識されて、遺産の所有者が遺言書で自由に自分の財産を処分できるようにしています。ただし、相続には遺族の生活保障といった面から遺留分制度も設けています。

有効な遺言書で、遺留分に配慮されたものであれば遺言者の遺志に従って遺産を相続させることができます。相続争いにならないよう遺言書を残しておくようにしたいものです。

	遺言書がない場合	遺言書がある場合
権利義務の承継	一切の権利義務を包括的に相続人が承継	被相続人の遺志が優先され、遺産分割協議を経ることなく、指定された者が指定された財産を取得する
相続財産	共同相続人全員の共有財産	
相続財産の取得者	遺産分割協議によって決める	

その他	分割協議が調うまでの間は、①財産自体を処分･換金等できないが、相続分に応じた権利は譲渡できる、②賃料収入などは、相続人が相続分に応じて取得する、ことになる	遺留分の侵害がある場合、遺留分権利者から遺留分侵害額の請求を受けることがある

遺言書が残されていた場合、特定の相続人に対して法定相続分より多く遺産を相続させることができます。

そのことについて、【設　例】で検証します。

【設　例】

1. 被相続人　父（令和5年3月死亡）
2. 相続人　長男・長女
3. 相続財産
   ①　不動産　5000万円
   ②　現預金　1億円
4. 遺言書
   長男に不動産と現預金1／2、長女に現預金1／2を相続させる。
5. 遺産分割

（単位：万円）

	遺言書どおり		【参考】法定相続分による相続	
	長男	長女	長男	長女
不動産	5000	—	2500	2500
現預金	5000	5000	5000	5000
合　計	10000	5000	7500	7500

この設例の場合、遺言書が残されていた場合、長男は1億円を相続することができる。

※長女の遺留分侵害額の検証

遺留分＝（5000万円＋1億円）×1／2（総体的遺留分）×1／2（法定相続分）

＝3750万円

3750万円≦5000万円（長女が相続する財産額）　∴遺留分の侵害はない

【2】 受遺者が遺言者よりも先に死亡した場合

父が遺言書を残していましたが、受遺者である父の弟が先に死亡しています。遺言書には弟が先に死亡した場合について何ら記載がされていません。

また、相続人の一人に相続させるとしていましたが、その相続人も父よりも先に死亡していて、その場合についても遺言書に何ら記載がされていません。

この場合、遺贈の効力はどのように判定されますか。また、このような場合に備えて、どのようにしておけばよいでしょうか。

対　策	遺贈は、遺言者の死亡以前に受遺者が死亡したときは、その効力は生じないとされています。また、相続人に対する遺贈も同様に考えることになると思われます。 そのため、遺言者よりも先に受遺者が死亡した場合に備えて、補充遺贈（例えば、遺言者よりも先に甲が死亡していた場合には、甲に遺贈するとしている財産については、甲の子・丙に遺贈する。）を遺言書に残しておくようにしておくことが肝要です。

解　説

遺贈は、遺言者の死亡以前に受遺者が死亡したときは、その効力は生じない（民994①）と規定しています。一方、遺言者よりも先に相続人が死亡した場合については、民法に規定がされていません。

遺言者よりも先に相続人が死亡した裁判について、最高裁平成23年２月22日判決（民集65・２・699）は、以下のように判示しています。

この事案は、被相続人が遺言書で特定の子（甲）に全ての財産を相続させるとしていましたが、甲が遺言者よりも先に死亡しました。そのため、共同相続人である子（乙）が遺言書の効力は生じないものとして、遺産につき法定相続分に相当する持分を取得したと主張し、先に死亡した子の代襲相続人（丙）は、遺言に基づき遺産を代襲相続することとなり、遺言の効力を失うものではないと主張しました。

最高裁は、「相続させる」旨の遺言は、当該遺言により遺産を相続させるものとされた推定相続人が遺言者の死亡以前に死亡した場合には、当該「相続させる」旨の遺言に係る条項と遺言書の他の記載との関係、遺言書作成当時の事情及び遺言者の置かれていた状況などから、遺言者が、当該推定相続人の代襲者等に遺産を相続させる旨の意思を有していたとみるべき特段の事情のない限り、その効力を生じないと判示しました。

【民　法】
（受遺者の死亡による遺贈の失効）
第994条　遺贈は、遺言者の死亡以前に受遺者が死亡したときは、その効力を生じない。
２　〔略〕

【3】 遺留分対策

遺言書を残しても遺留分があるため、遺言書どおり相続させることができないと聞きました。遺留分の侵害のある遺言書の場合、遺留分権利者からの遺留分の請求の期限はありますか。

また、せっかく遺言書を残しても遺留分の請求があると遺言者の希望がかなえられないので、遺言書を作成する意味がないとも思うのですが、遺留分制度の概要について詳しく教えてください。

対　策	遺留分とは、被相続人の一定の近親者のために法律上留保しなければならない相続財産中の一定の割合をいいます。 遺留分の請求期限は、遺留分権利者である相続人が、相続があったこと及び自己の遺留分が侵害されていることを知った時から１年、又は、相続開始の時から10年とされており、これを経過した場合には時効となります。 なお、相続人に対する特別受益に該当する生前贈与については、原則して相続開始前10年よりも前に行われたものについては、遺留分算定基礎財産には含まれないことから、遺言書を残すことは特定の相続人により多く遺産を相続させることが期待されます。

解　説

1　遺留分制度の概要

遺言書があればその遺言書どおり遺産を相続させることができるかというと、必ずしもその遺志どおりに遺産が承継されるとは限りません。これは遺留分制度が設けられているからです。

遺留分とは、被相続人の一定の近親者のために法律上留保しなければならない相続財産中の一定の割合をいいます。私有財産制社会では、自らの財産を生前や死後においても自由に処分できるのが建前ですが、これを無条件に認めることとなると、配偶者や子など遺族の生活保障や、相続人による被相続人の財産形成への有形無形の寄与が全く考慮されないこととなります。遺留分制度は被相続人、相続人両者の利益を調整しようとするものです。

被相続人が遺留分を侵害する贈与や遺贈をしても、それが当然に無効になるわけではありません。遺留分の侵害があった場合には、遺留分権利者などに遺留分侵害額を請求できる権利を付与しています。

民法改正前は、相続人に対する贈与は、判例で相続開始よりも相当以前にされたものであっても特段の事情がない限り、全てが遺留分算定基礎財産に算入されるとされていました（最判平10・３・24民集52・２・433）。

しかし、民法改正（平成30年法律72号）によって、令和元年７月１日以後に開始した相続から、受遺者等の法的安定性と相続人間の実質的公平という、相反する２つの要請の調和の観点から、相続開始前の10年間にされたものに限り、遺留分を算定するための財産の価額に含めることとされました（民1044③）。

＜遺留分権利者が配偶者や子などである場合の遺留分の計算の図表＞

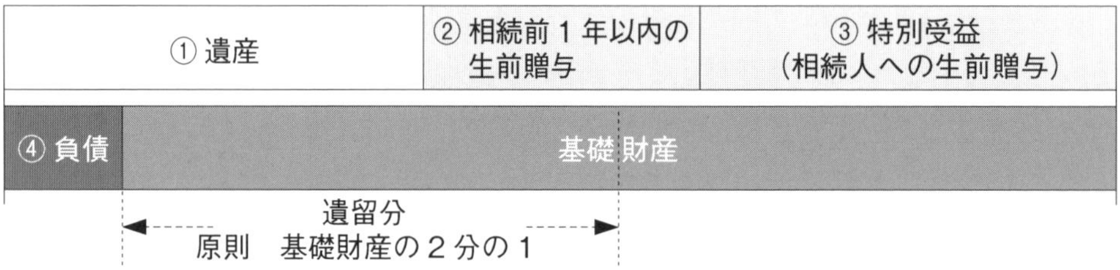

（注１）　贈与は、相続開始前１年間にしたものに限り、遺留分算定の基礎となる財産の価額に算入されます。ただし、相続開始の１年前の日より前にした贈与でも、当事者双方が遺留分権利者に損害を与えることを知って行ったものは、遺留分算定基礎財産に算入されます（民1044①）。

（注２）　生前贈与が相続人に対して行われ、それが特別受益に該当する場合でも、原則として10年以内の贈与に限り遺留分算定基礎財産に含まれます（民1044③）。また、相続人が相続の放棄をした場合には、原則として相続前１年以内の贈与に限り、遺留分算定基礎財産に含まれます。

【遺留分の額の計算】

遺留分の額＝遺留分算定の基礎となる財産の価額×個別的遺留分の割合（※）

※個別的遺留分の割合＝総体的遺留分の割合×法定相続分の割合

＜遺留分割合＞（民1042）

法定相続人	総体的遺留分	法定相続分	個別的遺留分
配偶者と子１人	１／２	配偶者１／２・子１／２	配偶者１／４・子１／４
配偶者と子２人	１／２	配偶者１／２・子１／４ずつ	配偶者１／４・子１／８ずつ

子２人	１／２	子１／２ずつ	子１／４ずつ
配偶者と親（父母）	１／２	配偶者２／３・親１／３	配偶者１／３・親１／６（父母それぞれ１／12ずつ）
親（父母）のみ	１／３	父母それぞれ１／２ずつ	父母１／３（父母それぞれ１／６ずつ）
配偶者と兄弟姉妹	１／２	配偶者３／４・兄弟姉妹１／４	配偶者１／２（兄弟姉妹には遺留分が認められていないため、配偶者の遺留分は総体的遺留分と同額となる。）

※兄弟姉妹には、遺留分が認められていない。

２　遺留分侵害額の請求

遺留分侵害額の請求は、遺留分に関する権利を行使する旨の意思表示を相手方にする必要がありますが、家庭裁判所の調停を申し立てただけでは相手方に対する意思表示とはなりません。そのため、遺留分の侵害があると思われる場合の遺留分の請求を行うときの行使の方法は、後に証拠が残るように「配達証明付き内容証明郵便」を用いるのが望ましいと思われます。文面は「被相続人甲の遺言により自分の遺留分が侵害されたので、相続人乙に対して遺留分侵害額の請求を行う。」という趣旨が分かるように書きます。遺留分侵害額などを細かく正確に記載する必要はありません。

なお、遺留分の侵害があったことについて、遺留分侵害額の請求を行うことができるのは、その遺留分権利者である相続人が、相続があったこと及び自己の遺留分が侵害されていることを知った時から１年、又は、相続開始の時から10年とされており、これを経過した場合には時効となります（民1048）。

遺留分侵害額の請求について当事者間で話合いがつかない場合や、話合いができないときには、家庭裁判所の調停手続を利用することができます。

調停手続では、当事者双方から事情を聴いたり、必要に応じて資料等を提出してもらったりするなどして事情をよく把握した上で、解決案を提示したり、解決のために必要な助言をしたりして、話合いを進めていきます。

なお、遺留分侵害額の請求に基づく金銭の支払に代えて資産の譲渡（当該遺留分侵害額に相当する金銭の支払請求の基因となった遺贈又は贈与により取得したものを含みます。）をした場合には、譲渡税が課されることになります。

3　遺言書が残されていた場合

まとまった財産を贈与する事例で多いのは、後継者へ自社株を相続時精算課税によって贈与することと思います。贈与者が死亡したら、贈与を受けた自社株は贈与を受けた時の価額で相続財産に戻して相続税が課税されることとされています。

しかし、民法改正（平成30年法律72号）で、その贈与が原則として相続開始前10年より前に行われたものであれば、遺留分の侵害額の算定基礎財産には含まれないことになります。そのため、遺言書が残されていたか否かによって各共同相続人が相続することができる財産に大きな差が生じます。そのことを【設　例】で確認します。

【設　例】

1.　被相続人　父（令和５年３月死亡）

2.　相続人　長男・長女

3.　相続財産と遺言書

遺言書において、その他の財産２億円は、長男１億2000万円、長女8000万円相続させるとしている。

4.　その他

父は平成20年に長男へ自社株１億円（相続開始時の時価３億円）を相続時精算課税によって贈与している。

5.　相続税の計算

（単位：万円）

	遺言書がある場合		遺言書がない場合 法定相続分により遺産分割	
	長男	長女（注１）	長男（注２）	長女
その他の財産	12000	8000	0	20000
相続時精算課税財産	10000	―	10000	―
課税価格	22000	8000	10000	20000
相続税の総額	6920		6920	
各人の算出税額	5075	1845	2307	4613

（注１）　遺留分侵害額の判定　２億円×１／２×１／２＝5000万円≦8000万円　侵害額なし

（注２）　長男の相続分　みなし遺産価額　（２億円＋３億円※）×１／２＝２億5000万円

２億5000万円－３億円＝△5000万円　∴０円

※特別受益者が取得した財産の価額は、相続開始の時の価額によることとされている（民904）。

この【設　例】の場合、遺言書が残されていた場合には、長男に対する相続開始前10年よりも前の贈与は、遺留分算定基礎財産には含まれないことから、遺言書どおりに相続させることができます。

一方、遺言書がないときには、法定相続によって相続することになります。その場合、長男が父から相続開始前10年よりも前に受けた自社株についても、相続財産に加算した金額（相続開始時の価額）を基に、法定相続分によって遺産分割協議をすることになります。

その結果、長女は父から相続することができる財産額は２億円となり、長男の相続分はない（超過特別受益者は最初から相続分がないものとされます（民903②）。）ことになります。

【4】 遺留分の放棄

先祖から承継している不動産について、長男に大半を相続させたいと考えています。この場合、遺留分権利者から遺留分の請求が起こされないような対応策があれば教えてください。

対　策	民法に規定する「遺留分の放棄」を遺留分権利者にしてもらうことを検討してください。 遺留分の放棄は、遺留分権利者が家庭裁判所の許可が必要とされています。 なお、遺留分の放棄の許可があったら、遺言書を残しておけば遺言者の希望どおりに遺産を相続させることができます。この場合、遺留分の放棄をした者に対して、遺言書で一定の財産を相続させる旨記載しておけば、遺留分の放棄をした者も一定の財産を相続することができます。

解　説

遺言書が残されていても、遺留分権利者（配偶者、子、子がいない場合には父母など）は、遺言書の内容にかかわらず最低限の遺産を取得することが認められていることから、遺言者の希望どおりにはならないことも起こり得ます。そこで、実務対応としては、遺言者の相続開始前に、遺留分権利者に遺留分の放棄（民1049）をしてもらうことで、遺言者の希望どおりの相続を実現させることができます。

留意すべき点は、遺留分の放棄は相続の放棄ではありません。そのため、遺言書が残されていないと、遺留分の放棄をした者も含めて法定相続によって遺産分割協議を行うことになります。

なお、遺留分の放棄をした者に代襲相続が発生した場合は、代襲相続人が遺留分のない相続権を代襲するにすぎません。

遺留分の放棄は、家庭裁判所の許可を必要としていることから、実務としてかなり高いハードルであるとする解説が多く見受けられます。

しかし、司法統計からみると、遺留分の放棄の件数に対する許可件数の割合はおおむね90％を超えていて、家庭裁判所の許可のハードルは高くないと思われます。

また、遺留分の放棄については、撤回ができるから確実なものではないとする解説も見受けられます。このことについても、遺留分の放棄の撤回は、遺留分放棄の合理性、相当性を裏づけていた事情が変化し、これにより遺留分放棄の状態を存続させることが客観的にみて不合理、不相当と認められるに至った場合でなければ撤回することはできないと考えられていることから、「遺留分の放棄の撤回」は家庭裁判所において容易に認められるものではないと思われます。

なお、遺留分の放棄がなされても、共同相続人の遺留分が増加するのではなく（民1049②）、その反射的効果として放棄の範囲内で被相続人の自由処分の可能な範囲が増加することになります。

【設　例】

1．　法定相続人　配偶者・長男・二男

2．　遺言の内容　長男に全ての財産を相続させる

3．　遺留分の事前放棄　配偶者は遺留分の放棄をしている

4．　二男の遺留分

①　二男の法定相続分　1／2×1／2＝1／4

②　二男の遺留分　　　1／2×1／4＝1／8

※配偶者が遺留分の放棄をしていても、二男の遺留分は増加しません。

【民　法】

（遺留分の放棄）

第1049条　相続の開始前における遺留分の放棄は、家庭裁判所の許可を受けたときに限り、その効力を生ずる。

2　共同相続人の一人のした遺留分の放棄は、他の各共同相続人の遺留分に影響を及ぼさない。

＜遺留分の放棄の総数と認容件数：既済＞

年　分	総　数	認容件数	年　分	総　数	認容件数
平成24年度	1052件	987件	平成29年度	999件	931件
平成25年度	1145件	1066件	平成30年度	968件	890件
平成26年度	1193件	1135件	令和元年度	930件	877件
平成27年度	1152件	1076件	令和２年度	766件	727件
平成28年度	1206件	1119件	令和３年度	784件	739件

（出典：司法統計年報　3　家事編「第２表　家事審判・調停事件の事件別新受件数－全家庭裁判所」（最高裁判所事務総局）を参考に作成）

【5】 遺留分に関する民法の特例の活用

会社経営者の私は、自社株を、後継予定者の長男に相続させなければならないと考えます。そのため、自社株を一括して長男に贈与しようと思います。

会社に関わっていない二男や長女から、長男への自社株の生前贈与について、遺留分の請求が行われると事業承継に支障が生じることが予想されます。

それらを防止するための具体的な方法があれば教えてください。

対　策	遺留分に関する経営承継円滑化法に定める遺留分に関する民法の特例の適用を受けることを検討してください。 この特例の適用を受けることができたら、贈与する自社株などについて、贈与株式等を遺留分算定基礎財産から除外できる制度、又は贈与株式の評価額をあらかじめ固定できる制度を活用することができます。 また、付随合意（株式等以外の財産についても遺留分に関する民法の特例の対象）によって、株式等以外の財産についても民法特例の適用を受けることができますが、遺留分権利者全員から合意を得ることがより困難になると予想されますので、その財産については、別途遺言書で対応することが望ましいと考えます。

解　説

1　遺留分に関する民法の特例の概要

後継者が安定的に経営を行っていくためには、先代経営者が保有する自社株式や、事業用資産を後継者が円滑に承継することが重要であるとの認識から、特例中小企業者の株式等の贈与を受けた者等が、遺留分権利者全員との合意及び所要の手続（経済産業大臣の確認、家庭裁判所の許可（経営承継7・8））を経ることを前提に、以下の遺留分に関する経営承継円滑化法に定める遺留分に関する民法の特例（経営承継4・5）の適用を受けることができます。

なお、後継者が先代経営者から贈与を受けた株式について、事前に後継者以外の親族と合意し、経済産業大臣の確認を受けることにより、遺留分放棄の法的確定に係る家庭裁判所の申請手続を単独で行うことができます。

２　贈与株式等を遺留分算定基礎財産から除外できる制度（除外合意）（経営承継4①一）

先代経営者の生前に、経済産業大臣の確認を受けた後継者が、遺留分権利者全員との合意内容について家庭裁判所の許可を受けることで、先代経営者から後継者へ贈与等された自社株式や事業用資産その他一定の財産について、遺留分算定基礎財産から除外することができます。

＜除外合意の概要＞

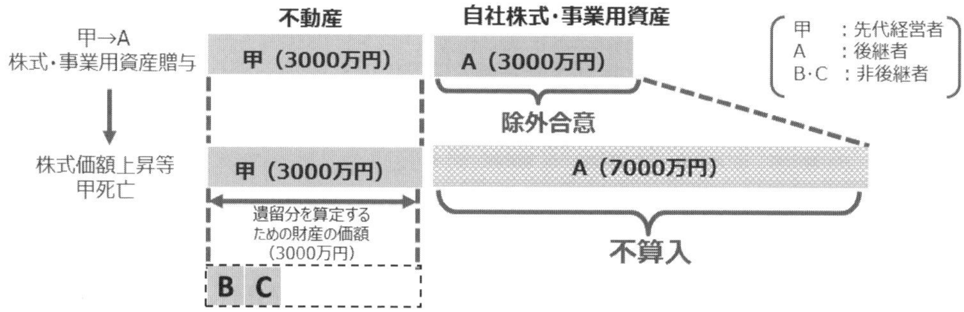

（出典：「事業承継ガイドライン（第３版）」76頁（中小企業庁、令和４年３月改訂）（https://www.chusho.meti.go.jp/zaimu/shoukei/download/shoukei_guideline.pdf（2023.09.19）））

３　贈与株式の評価額をあらかじめ固定できる制度（固定合意）（経営承継４①二）

生前贈与後に株式価値が後継者の貢献により上昇した場合でも、遺留分の算定に際しては相続開始時点の上昇後の評価で計算されてしまいます。このため、経済産業大臣の確認を受けた後継者が、遺留分権利者全員との合意内容について家庭裁判所の許可を受けることで、遺留分の算定に際して、生前贈与株式の価額を当該合意時の評価額であらかじめ固定できる制度です。

<固定合意の概要>

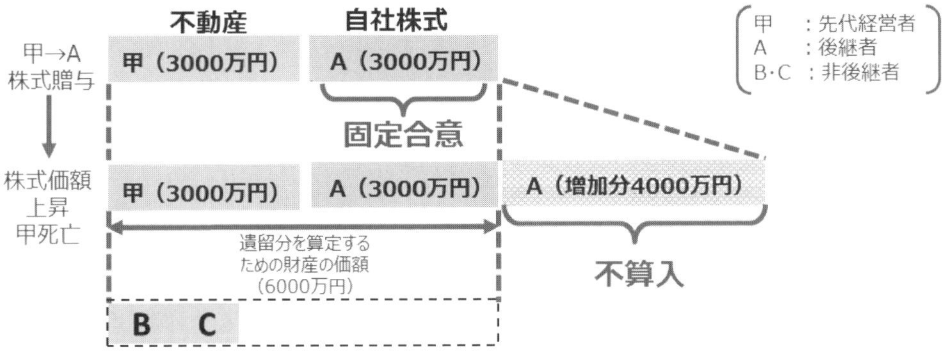

（出典：「事業承継ガイドライン（第３版）」77頁（中小企業庁、令和４年３月改訂）（https://www.chusho.meti.go.jp/zaimu/shoukei/download/shoukei_guideline.pdf（2023.09.19）））

４　付随合意（経営承継５）

上記２又は３の合意に併せて付随合意（株式等・事業用資産以外の財産についても遺留分に関する民法の特例の対象）もすることができます。

<各合意のイメージ>

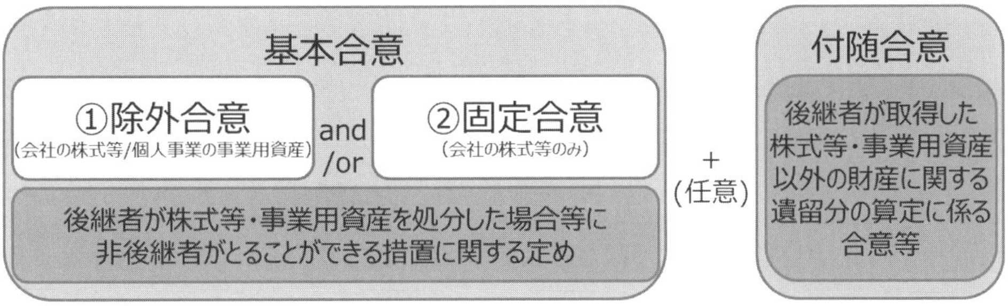

（出典：「事業承継ガイドライン（第３版）」75頁（中小企業庁、令和４年３月改訂）（https://www.chusho.meti.go.jp/zaimu/shoukei/download/shoukei_guideline.pdf（2023.09.19）））

５　実務対応

実務対応として、株式等については、株価の低いタイミングで、民法特例の適用を受けて生前に後継者が株式等を取得し、その他の財産については、別途遺言書で後継者に必要な資産を相続させるとしておけば、後継者は事業を継続するのに必要な資産を相続することができます。

家庭裁判所に申し立てられた経営承継円滑化法８条１項の事件は、以下のとおりです。

＜家庭裁判所に申し立てられた中小企業における経営の承継の円滑化に関する法律８条１項の事件（除外合意・固定合意）：既済＞

年分	総　数	認容件数	年分	総　数	認容件数
平成21年度	５件	５件	令和元年度	60件	58件
平成22年度	20件	20件	令和２年度	51件	51件
平成23年度	15件	15件	令和３年度	43件	42件
平成24年度	13件	13件			
平成25年度	11件	11件			
平成26年度	11件	11件			
平成27年度	22件	22件			
平成28年度	30件	30件			
平成29年度	37件	36件			
平成30年度	17件	17件			

（出典：司法統計年報　３　家事編「第３表　家事審判事件の受理、既済、未済手続別事件別件数－全家庭裁判所」（最高裁判所事務総局）を参考に作成）

＜「遺留分の放棄」と「遺留分に関する民法特例」の比較＞

	遺留分の放棄（民1049）	遺留分に関する民法特例（経営承継４・５）
手続をする人	遺留分の放棄をする人	後継者
遺留分の放棄を受ける人の要件	特になし	①　後継者が合意の時点で単独で全議決権の過半数を有していること ②　後継者が合意時点で遺留分についての民法の特例を適用する株式等を除くと、議決権保有割合が50％以下であること
遺留分の放棄の範囲と内容	遺留分の基礎となる「みなし相続財産」に対して、原則として全て遺留分の放棄をすることになる	①　生前贈与株式を遺留分の対象から除外できる（除外合意） ②　生前贈与株式の評価額をあらかじめ固定できる（固定合意）

	＊遺留分の放棄については、書面によらずして可能	③　自社株式等以外の財産のうち生前贈与を受けた財産について遺留分の対象から除外できる（付随合意） ＊上記の合意は書面によらなければならない
経済産業大臣の確認の有無	確認を受ける必要はない	合意後１か月以内に確認を受けることが必要
効力の発生の要件	家庭裁判所の許可を受ける	経済産業大臣の確認を受けた後１か月以内に家庭裁判所に申立てをして許可を受ける
効力の消滅	遺留分放棄の合理性、相当性を裏付けていた事情が変化し、これにより遺留分放棄の状態を存続させることが客観的にみて不合理、不相当と認められるに至った場合に限り、遺留分放棄を許可する審判を取り消し、又は変更することが許される	合意の当事者以外の者が新たに旧代表者の推定相続人となった場合（例えば、旧代表者の再婚や新たな子の出生等）など一定の場合に該当するときは遺留分に関する効力は消滅する
遺言書作成の必要性	相続の放棄ではないので、遺言書の作成は必ず必要	生前贈与株式等が民法特例の対象となるので、原則、遺言書は必要ではない

【６】 遺留分侵害額の請求の順序の指定

３人の子がいますが、長男と長女には法定相続分以上の遺産を相続させ、二男には少額の遺産を相続させる旨の遺言書を残すことにしました。

この場合に、二男から遺留分の請求が行われる場合は、長女への遺贈から負担をさせたいと思います。

このようなことを遺言書で指定することができますか。

対　策	受遺者が複数いる場合には、遺言書で遺留分侵害額の請求の順序の指定をしておくことができます。そのため、遺言書で長女に対する遺贈から先に遺留分の請求をする旨、記載しておくようにします。

解　説

遺言を活用した遺留分対策として、財産を相続（遺贈）させる人が複数いる場合には、遺留分侵害額の請求の分担関係の認定が難しくなりますので、遺留分侵害額の請求の順序の指定を遺言でしておくことが考えられます。

例えば、受遺者が複数あるとき、又は受贈者が複数ある場合には、その贈与が同時にされたものであるときは、指定の相続人等に相続又は遺贈させるべき財産から請求すべき旨を遺言書に記載することができます（民1047①二）。

しかし、受遺者と受贈者とがあるときは、受遺者が先に負担する（民1047①一）とされ、受贈者が複数あるときは、後の贈与に係る受贈者から順次前の贈与に係る受贈者が負担する（民1047①三）とされていて、遺言者による別段の意思による指定はできません。

なお、平成30年の民法改正（平成30年法律72号）後は、遺留分の請求が金銭債権となったことから、対象が物ではなく人になりました。そこで、遺留分の負担の順位を指定する場合には、「遺留分の負担の順序を、受遺者Ａから、次いで受遺者Ｂとする。」といったように、人で指定することになります。

【7】 持戻し免除の意思表示

相続人に対する生前贈与の大半が特別受益と判定され、その贈与をした財産の価額を相続財産に持ち戻して遺産の価額を基に、法定相続分などによって相続人の相続分額を求め、受贈者である相続人は、持戻し額を控除した残額が相続分とされるとのことです。

この持戻しについて、遺言書で免除することはできないのでしょうか。

また、長年連れ添った妻に、令和３年に居住用不動産を贈与していますが、持戻し免除の意思表示がなかった場合にはどのように取り扱われますか。

対　策	遺言書で持戻し免除の意思表示をしておくことで、特別受益を受けた相続人の相続分を多くすることができます。 また、20年以上の婚姻期間のある配偶者間の居住用不動産の贈与については、持戻し免除の意思表示がなかった場合でも、その意思表示があったものと推定することとされています。

解　説

婚姻期間が20年以上である夫婦の一方配偶者が、他方配偶者に対し、その居住用建物又はその敷地（居住用不動産）を遺贈又は贈与した場合については、民法903条３項の持戻しの免除の意思表示があったものと推定し（民903④）、遺産分割においては、原則として当該居住用不動産の持戻し計算を不要としました（当該居住用不動産の価額を特別受益として扱わずに計算をすることができます。）。

民法に定める基本的な相続分は、被相続人の遺言による指定相続分と遺言がない場合の法定相続分の二つです。このほか、相続人間の財産相続の実質的衡平の観点から設けられた「特別受益者の相続分」は、遺贈や一定の贈与があった場合に、遺産中から処分された財産価額を再び遺産に持ち戻した「みなし遺産価額」を基に、指定相続分又は法定相続分を適用して各相続人の相続分額を求め、受遺者・受贈者である相続人は、持戻し額を控除した残額を相続分額とするものです。

特別受益の持戻しの対象とされるのは、相続人（共同相続人）に限られます。これは、特別受益者が存する場合の相続分の算定規定が、被相続人に係る遺産分割に際して、共同相続人中に、被相続人から遺贈又は一定の贈与を受けた者が存する場合における各共同相続人間の衡平を担保するために設けられた取扱いを定めたものであることに基因するものです。

相続分の算定のため「持戻し」をすべき「特別受益」について、遺贈はその全てを対象にしていますが、贈与については、その贈与目的のうち、①婚姻・養子縁組のための贈与と、②生計の資本としての贈与に限って対象としています。このうち「生計の資本としての贈与」は、不確定概念であり判定が難しいこともありますが、この規定の趣旨が相続人間の財産取得権の衡平にあることに鑑みると、「生計の資本」の解釈上疑義がある贈与であっても、比較的多額な贈与財産は持戻しをすべき特別受益と解するのが相当でしょう。

なお、民法903条３項において「被相続人が前２項の規定と異なった意思を表示したときは、その意思に従う」旨を規定していて、この意思表示は「持戻し免除」と呼ばれています。その意思表示は、遺留分に関する規定に反しない範囲内で、その効力を有するとされていますので、一定の要件の下に持戻しの免除が認められています。遺贈や贈与を効果的に行うために「持戻し免除」の意思表示（できれば遺言で）をしておくことが肝要です。

持戻し免除の意思表示については、実務上、配偶者に対する贈与に関して、比較的多くなされています。

裁判例でも、被相続人が妻に土地の共有持分を贈与したのは、長年にわたる妻としての貢献に報い、その老後の生活の安定を図るためであって、妻には他に老後の生活を支えるに足る資産も住居もない事情の下では、黙示の持戻し免除の意思表示をしたものと解するのが相当であるとされています（東京高決平８・８・26家月49・４・52）。

【設　例】

1.　被相続人　夫（令和５年４月死亡）
2.　相続人　妻・長男
3.　相続財産　その他の財産　4000万円

　　なお、妻は夫から贈与税の配偶者控除によって居住用不動産2000万円を令和３年８月に贈与されている。

4.　遺産分割

（単位：万円）

	令和元年７月１日前に開始した相続		令和元年７月１日以降に開始した相続	
	妻	長男	妻	長男
みなし遺産価額	6000		（注）4000	

法定相続分で相続	3000	3000	2000	2000
特別受益額	△2000	—	—	—
具体的相続分	1000	3000	2000	2000
遺留分侵害額の判定	特別受益額を加味した「みなし遺産価額」を基に、法定相続分で相続するため遺留分の侵害はない。		特別受益額を加味した「みなし遺産価額」を基に、遺留分の侵害額を判定しても遺留分の侵害はない。 ※長男の遺留分の侵害の判定 （2000万円＋4000万円）× １／２（総体的遺留分割合）× １／２（長男の法定相続分） ＝1500万円≦2000万円 ∴遺留分の侵害はない。	

（注）夫から生前贈与を受けた居住用不動産は、持戻し免除によってみなし遺産価額に含まれない。

以上のように、持戻し免除の意思表示があった場合には、特別受益を受けていた妻の相続分が多くなることが期待されます。

＜贈与税の配偶者控除と民法の相違点＞

	贈与税の配偶者控除	民法903条４項
婚姻期間	20年以上	20年以上
贈与財産の種類	居住用不動産又は居住用不動産を取得するための金銭	居住用不動産
取得原因	贈与	遺贈又は贈与
贈与財産の価額	2000万円以下の贈与については、贈与税が非課税とされる	金額については不問
持戻し免除の取扱い	金銭については意思表示が必要	意思表示があったものとする

※贈与税の配偶者控除においては、配偶者が居住用不動産を取得するための金銭もその控除の対象となりますが、民法における持戻し免除の意思表示の推定規定については、居住用不動産のみが対象とされます。

【８】 相続させたくない者がいる場合

長男がギャンブルで多額の借金を作り、親である私がその肩代わりをしました。しかし、その後もギャンブルからは抜け出せず荒れた生活を繰り返しています。

そこで、長男には財産を相続させないよう遺言書で全ての財産を長女に残そうと思います。長女は、長男の生活費などの面倒を見てくれること、長男は遺留分の請求をしないことについて約束してくれています。

しかし、債権者からそのような遺言書の内容や、長男が遺留分を請求しないことについて、詐害行為に該当するとの主張が行われないか心配です。

このような遺言書を残しておけば、長男の債権者から相続財産を守ることができますか。

対　策	遺言書がない場合、法定相続分を基に遺産分割協議をすることになり、長男が１円も相続しないとする分割協議は詐害行為に該当すると考えられます。しかし、遺言による相続の場合には、遺留分侵害額の請求について、遺留分権利者以外の者が、遺留分侵害額請求の行使の意思決定に介入することは許されないとする判例があり、遺留分侵害額の請求をしないことは詐害行為に該当しないと考えられます。

解　説

いわゆる「放蕩息子」が生前に多額の借金を作り、親が肩代わりするなどの事例もあります。そのため、相続によってその子が財産を取得することを回避させるために、遺言書で遺産を相続させないようにしておきます。この場合、長男の債権者から詐害行為取消に対象とならないかという心配があります。

詐害行為取消とは、債務者が詐害意思を持って（相手に不利益を与えると知りながら）債権者を害する行為をした場合、債権者がその行為を取り消せることです（民424）。

詐害行為取消が認められるためには、債務者が無資力であり、債務者と受益者が債権者を害することを知っていて、債権者が詐害行為前に債権を取得しており、財産権を目的にした法律行為であることが必要です。

【民　法】

（詐害行為取消請求）

第424条　債権者は、債務者が債権者を害することを知ってした行為の取消しを裁判所に請求することができる。ただし、その行為によって利益を受けた者（以下この款において「受益者」という。）がその行為の時において債権者を害することを知らなかったときは、この限りでない。

２　前項の規定は、財産権を目的としない行為については、適用しない。

３〔以下略〕

【設　例】

1.　被相続人　父（令和５年３月死亡）

2.　相続人　長男（債務が多額にある）・長女

3.　以下のいずれかの対応が行われると仮定。

①　遺言書が残されていないため遺産分割協議を行う

遺言がなければ相続人全員（長男・長女）の協議により自由に決めることができる。この場合に、長女が全部相続することとする遺産分割協議を成立させる。その後、長男は自己破産をするとする仮定。

②　長男が相続の放棄を行う

長男が相続開始から３か月以内に相続の放棄を家庭裁判所に申述し受理されたので、長女が遺産の全部を相続した。

③　父が遺言書を残していて長男は遺留分の請求をしない

父が全ての財産を長女に相続させる旨の遺言が残されていたが、長男は遺留分を請求しないこととした。

<詐害行為に該当するか否かの判定>

	遺産分割協議	相続放棄	遺　言
詐害行為	該当する	該当しない	該当しない
最高裁判決年月日（出典）	平成11年６月11日（民集53・５・898）	昭和49年９月20日（民集28・６・1202）	平成13年11月22日（民集55・６・1033）
判決要旨	遺産分割協議は、相続の開始によって共同相続人の共有となった相続財産について、その全部又は	相続の放棄のような身分行為については、民法424条の詐害行為取消権行使の対象とならないと	遺留分減殺請求権は、特段の事情がある場合を除き、行使上の一身専属性を有すると解す

	一部を各相続人の単独所有とし、又は新たな共有関係に移行させることによって、相続財産の帰属を確定させるものであり、その性質上、財産権を目的とする法律行為であるということができるから、共同相続人の間で成立した遺産分割協議は、詐害行為取消権行使の対象となり得るものと解するのが相当である。	解するのが相当である。	るのが相当であり、遺留分権利者以外の者が、遺留分権利者の減殺請求権行使の意思決定に介入することは許されないと解するのが相当である。

【9】 第三者への相続分の指定の委託

３人の子のうち、事業後継者の長男には、事業に関係する財産を相続させることは決めていますが、事業に関わっていない二男や長女にどのように遺産を相続させるか決めかねています。

そこで、二男と長女の相続分について、長男に委託したいと思いますが、遺言書でその旨記載しておけばよいでしょうか。

対　策	遺言によって、二男や長女の相続分を定めることを第三者（長男）に委託することができます。この場合、長男の相続分をも指定しなければならないときには、長男は受託者になれないと考えられます。 しかし、長男には遺言書で特定遺贈によって相続させ、二男と長女の相続分を長男に委託する場合には、長男は受託者になることができます。

解　説

民法は、遺言で、共同相続人の相続分を定め、又はこれを定めることを第三者に委託することができる（民902①）としています。

第三者への相続分の指定の委託は、必ず遺言で行うことが必要です。この場合に、相続人又は包括受遺者は、自らの相続分も指定しなければならない場合には受託者になれないと考えられます。

受託者は、法定相続分にかかわらず委託の趣旨の範囲内で、遺言者の相続人らの相続分を定める権限と義務を有しますが、遺留分の規定に反することはできません。また、委託者の行う相続分の指定の効果は、被相続人が遺言で直接相続分を指定した場合と同じ効果となります。

第三者への相続分の指定の委託では、相続税法の特例関係の適用を有利に運ぶために、専門家に委託する事例などが考えられます。

【民　法】

（遺言による相続分の指定）

第902条　被相続人は、前２条の規定にかかわらず、遺言で、共同相続人の相続分を定め、又はこれを定めることを第三者に委託することができる。

2　被相続人が、共同相続人中の一人若しくは数人の相続分のみを定め、又はこれを第三者に定めさせたときは、他の共同相続人の相続分は、前2条の規定（法定相続分・代襲相続人の相続分）により定める。

【10】 付言事項

遺言書を作成する場合に、法的な効力はないものの「付言事項」を記載することがよいと聞きました。

付言事項には、何を書けばよいでしょうか。

対　策	法定相続分と大幅に異なる遺言となった事由や、遺留分権利者への特別受益の具体的な内容、遺留分の放棄をした者の遺留分の許可年月日や事件番号などは書いておくことがよいでしょう。

解　説

付言事項とは、遺産の処分などの法律行為以外のことで言い残したいことなどを遺言書に書くことです。付言事項そのものに法的な効力はありませんが、遺言者の気持ちを相続人に伝えることができるので、相続人等の紛争を回避し、遺言の円滑な実現を図る上で意義があり有益といわれています。

例えば、法定相続分と大幅に異なる（遺留分侵害のおそれのある）遺言をするに至った動機（例えば、寄与度、扶助・扶養の努力、生前贈与等）をできるだけ具体的に記載して、遺留分権利者の納得を得られるように書くことです。また、亡き後の処理のしかた、葬式や法要の方法、親族の融和や家業の発展を祈念する旨を遺言書に付言事項として記載することで、相続人間での遺留分の主張に基づく争いを防止する効果が期待できます。

これらは法律上相続人らを拘束する効力は認められませんが、遺言者の最後の意思を表明したものですから、ほとんどの場合、尊重されるでしょう。

また、遺留分権利者への特別受益の内容について、日付等を明らかにし、できる限り具体的に記載しておくことで、遺留分侵害額の計算が明確になり争いを未然に防ぐことが期待されます。遺留分侵害額の請求は、遺留分から、遺贈及び特別受益の額などを控除して算定する（民1046②）こととされていることから、遺留分を算定するための財産の価額の計算において、相続人に対する特別受益に該当する贈与で相続開始前10年以内とする規定は適用されません。

一方、遺留分権利者の悪口などを付言事項に記載することは、かえってトラブルになる原因となるので控えるようにしましょう。

さらに、遺留分の放棄の許可を家庭裁判所で受けている相続人がいる場合には、許可通知書は、遺留分の放棄をした者にだけ通知されますので、他の相続人が確認できるように家庭裁判所からの遺留分許可通知書の年月日や事件番号を付言事項に記載しておくことが肝要です。

【11】 寄与分と特別寄与

長男の妻が長年にわたり無償で療養看護に努めてくれているので、私が死んだら長男の妻は特別寄与料を相続人に対して請求することができると聞きました。

どのような制度ですか。また、寄与分と特別寄与制度の相違点などについても教えてください。

対　策	特別寄与制度は、被相続人の財産の維持又は増加について特別の寄与をした被相続人の親族は、相続開始後、相続人に対し、特別寄与者の寄与に応じた額の金銭（特別寄与料）の支払を請求することができるというものです。 しかし、相続人と特別寄与料について協議が調わないこともあると予想されるので、遺言書で一定額をその者に対して遺贈するとしておくことが無難な選択です。

解　説

1　寄与分制度の概要

寄与分制度は、昭和55年の民法改正（昭和55年法律51号）により創設され、共同相続人中で被相続人の財産の維持又は増加に特別の寄与をした者があるときは、被相続人の財産から共同相続人の協議で定めたその者の寄与分を控除したものを相続財産とみなし、その者の相続分は法定相続分に寄与分を加えた額とする制度で、寄与分については共同相続人の協議によって定めるのが原則です（民904の２①）。協議が調わないときは、家庭裁判所が諸般の事情を考慮に入れて決定することとされています（民904の２②）。

寄与分は、家事従事型、療養看護型、金銭出資型、扶養型、財産管理型などの類型がありますが、一般的な親族間の扶養ないし協力義務を超える特別な寄与行為がある場合に限り寄与分が認められています。

2　特別寄与制度の概要

平成30年の民法改正（平成30年法律72号）によって新設された「特別寄与制度」は、被相続人に対して無償で療養看護その他の労務の提供をしたことにより、被相続人の財産の維持又は増加について特別の寄与をした被相続人の親族（相続人、相続放棄をした者、相続欠格事由のある者、廃除された者を除きます。以下「特別寄与者」といいます。）は、相続開始後、相続人に対し、特別寄与者の寄与に応じた額の金銭（特別寄与料）の支払を請求することができるというものです（民1050①）。ただし、特別寄与料の額は、被相続人が相続開始の時において有した財産の価額から遺贈の価額を控除した残額を超えることができません（民1050④）。

また、相続の開始後、相続人に対し特別寄与者が相続の開始及び相続人を知った時から６か月を経過したとき、又は相続開始の時から１年を経過したときは特別寄与料の支払を請求することができません（民1050②）。

＜寄与分が認められた裁判例＞

裁判所	審判／決定年月日（出典）	遺産総額	寄与分	特別の寄与の内容
東京高等裁判所	平成22年９月13日（家月63・6・82）	3062万円	400万円	介護が13年余りの長期間にわたって継続して行われ、同居の親族の扶養義務の範囲を超え、相続財産の維持に貢献した側面があると評価することが相当。
大阪家庭裁判所	平成19年２月26日（家月59・8・47）	２億2902万円	750万円	６年間にわたり排泄にまつわる介護を行った。
京都家庭裁判所宮津支部	平成18年10月24日（家月60・9・99）	9360万円	2808万円	48年間同居し、農業の手伝い、不動産の取得や維持管理のために3448万円を支出。一方、同居の親族として本件建物を自宅として無償で使用、農作物等を消費するなど、被相続人との同居により生活上の利益を得ていた。
神戸家庭裁判所豊岡支部	平成４年12月28日（家月46・7・57）	851万円	120万円	親族間の通常の扶助の範囲を超える献身的看護があった。

寄与分については、被相続人の財産から共同相続人の協議で定める（民904の２①）ことを前提とし、特別寄与料についても、当事者間に協議が調わないとき、又は協議す

ることができないときは、特別寄与者は、家庭裁判所に対して協議に代わる処分を請求することができる（民1050②）としています。

裁判例などで、寄与分が認められた場合でも、寄与者が期待したほどの金額ではないと予想されます。

一方、特別寄与者が支払を受けるべき特別寄与料の額が確定した場合には、特別寄与者が、特別寄与料の額に相当する金額を被相続人から遺贈により取得したものとみなして、相続税が課税されます。この場合に、新たに相続税の申告義務が生じた者は、その事由が生じたことを知った日から10か月以内に相続税の申告書を提出しなければなりません（相税29①）。

【設　例】

1．被相続人　父（令和５年３月死亡）
2．相続人　長男・長女
3．特別寄与者　長男の妻（被相続人から令和３年及び４年に、被相続人が保険料を負担していた生命保険金それぞれ500万円（贈与税53万円）を受け取っている。）
4．相続財産と特別寄与料　その他の財産　４億円（うち、特別寄与料800万円）
5．遺産分割　特別寄与料を控除した残額を法定相続分どおり相続する
6．相続税の計算

（単位：万円）

	長男	長女	長男の妻
その他の財産	19600	19600	800
生前贈与加算	—	—	1000
課税価格	19600	19600	1800
相続税の総額	11320		
各人の算出税額	5412	5412	496
相続税額の２割加算	—	—	99
贈与税額控除	—	—	△106
納付税額	5412	5412	489
合計税額	11313		

この【設　例】の場合、特別寄与料を受け取った長男の妻は相続税額の２割加算の対象者であり、更に被相続人から生前贈与を受けていたことから、相続又は遺贈によって財産を取得した者に該当し、その贈与財産は相続開始前３年以内の贈与であることから、生前贈与加算として相続財産に加算されます。

その結果、特別寄与料800万円を受け取っても税引き後は311万円しか残らないことになります。

以上のことから、寄与分や特別寄与について配慮する場合には、共同相続人間の協議に任せるのではなく、遺言書で一定額を相続又は遺贈するとしておくことがよいと考えます。

＜家事審判・調停事件の事件別新受件数（抜粋）＞

（単位：件数）

審判事件	平成20年	平成25年	平成30年	令和元年	令和２年	令和３年
寄与分を定める処分	1364 (717)	1418 (750)	1195 (705)	1058 (574)	965 (524)	1043 (584)
特別の寄与に関する処分	—	—	—	5 (4)	319 (298)	305 (243)

※カッコ内の件数は調停事件の件数を内書きしたもの。

（出典：司法統計年報　3　家事編「第２表 家事審判・調停事件の事件別新受件数－全家庭裁判所」（最高裁判所事務総局）を参考に作成）

＜寄与分と特別寄与制度＞

	寄与分	特別寄与
根拠条文	民法904条の２	民法1050条
請求できる者	共同相続人中に、被相続人の財産の維持又は増加に特別の寄与をした者	被相続人の財産の維持又は増加について特別の寄与をした被相続人の親族（相続人、相続放棄をした者、相続欠格事由のある者、廃除された者を除く。）
寄与した額の定め	共同相続人の協議によって定めるのが原則	相続人との協議によって定めるのが原則

協議が調わない場合	寄与した者の請求により、家庭裁判所が諸般の事情を考慮して寄与分を定める	特別寄与者は、家庭裁判所に対して協議に代わる処分を請求し、家庭裁判所が諸般の事情を考慮して特別寄与料の額を定める
請求の期限	遺産分割の合意が成立するまでの間に限られ、かつ、相続開始から10年以内	相続の開始及び相続人を知った時から６か月以内、又は相続開始の時から１年以内
寄与額の上限	財産の価額から遺贈の価額を控除した残額を超えることができない	財産の価額から遺贈の価額を控除した残額を超えることができない
相続税の課税	相続によって取得したものとして相続税の課税対象とされる	遺贈により取得したものとみなして、相続税が課税される
相続税額の２割加算	配偶者及び一親等の血族以外の相続人の場合、２割加算の対象者となる	２割加算の対象者となる

2　相続手続の円滑化

【12】　遺言執行者の指定

　遺言書を作成する場合に、遺言執行者を定めておくことがよいと聞きました。相続手続は各相続人が行えばよいと思っていますが、遺言執行者を定めておくメリットについて教えてください。
　なお、私の所有する不動産について、相続人でない孫へ遺贈する予定です。

対　策	相続人でない孫へ不動産を遺贈する場合、相続登記をする際に相続人全員の協力（印鑑証明書の添付）が必要となります。 しかし、遺言書に遺言執行者の定めがあれば、遺言執行者にその手続をしてもらえます。その他、認知や相続人の廃除などの手続は遺言執行者が行うこととされています。

解　説

　遺言執行者は、遺言の内容を実現するために存在し、相続財産の管理その他遺言の執行に必要な一切の行為をする権利義務を有しています（民1012①）。
　例えば、①相続財産の管理や処分権、②認知では戸籍の届出をすること、③相続人廃除の遺言では、家庭裁判所に対してその旨の請求をする、④不動産を遺贈すると記載されている場合には不動産の登記を行うことなどが仕事となります。
　例えば、相続人ではない子の配偶者や孫に不動産を相続させようと考える場合は、遺言書には「遺贈する」と書きます。この場合、遺言執行者の指定がされていなければ、受遺者（子の配偶者や孫）単独で不動産の相続登記をすることができず、相続人全員の協力（印鑑証明書の添付）が必要となります。さらに、「遺贈する」形式の遺言の場合には登記済証又は登記識別情報も必要となります。
　登記識別情報等を提出できないときに不動産の登記を行う方法には、主に以下の2つの方法（遺言執行者の指定がある場合）が考えられます。

①　事前通知制度
　登記識別情報又は登記済証を、正当な理由があって提供・提出できない場合に、登記官が登記義務者の真実性を確認する制度です。

具体的には、法務局から、申請人（登記義務者：遺言執行者）に、申請書や委任状などに押印した実印と同じ印鑑を押印して、法務局に返送をして、本人確認をするものです。

②　資格者代理人に本人確認情報を作成してもらう

その登記申請を代理する司法書士などの資格者代理人が作成・提供する本人確認情報を添付します。

しかし、遺言執行者が指定されていれば、遺言執行者の権限によって相続人の協力は必要がなく相続登記ができ、相続人もその執行を妨げることはできません。

遺言によって相続人等が遺贈を受ける場合には、遺言執行者がいる場合を除き、法定相続人全員の協力がないと遺贈による名義変更を行うことはできませんが、不動産登記法が改正され、遺贈（相続人に対する遺贈に限ります。）による名義変更は、不動産の遺贈を受ける者が単独で申請することができるようにしました（不登63③）。

この改正（令和３年法律24号）は、令和５年４月１日から施行されています。

なお、相続人に対する遺贈では、従前から登記識別情報又は登記済証を提出する必要はないこととされています。

遺言執行者は正当な理由があれば家庭裁判所の許可を得て辞任することができます。また、任務を怠れば利害関係人の請求によって解任されます。

遺言者がその遺言に別段の意思を表示したときを除き、遺言執行者は、自己の責任で第三者にその任務を行わせることができます（民1016）。

遺言書に遺言執行者が指定されていない、又は遺言執行者が死亡している場合などでは、家庭裁判所に選任の申立てをして遺言執行者を選任してもらいます。

【13】 国外に居住する相続人がいる場合

私の長女は、外国人と結婚し、現在ハワイで生活しています。私が遺言書を書いておけば、日本の不動産の相続手続がスムーズに行うことができると聞きました。

なぜでしょうか。

対　策	遺言書がない場合には、法定相続分を基にして遺産分割協議によることになります。遺産分割が調った場合の遺産分割協議書には、印鑑証明書を添付し、不動産の相続登記の際には、相続した人の住民票が必要とされます。 そのため、日本に住所を有しない者は、印鑑証明書の代わりにサイン証明、住民票の代わりに在留証明を取得するなど手続が煩瑣となります。 しかし、遺言書があれば遺言相続が優先され、かつ、遺言書に遺言執行者を定めておき、国内の不動産を日本に在住する相続人に相続させるとしておけば、相続手続が簡単に済ませることができます。

解　説

被相続人が日本人の場合、相続に関する法律は、被相続人の本国法が適用され、日本法が適用されるのが原則です（法適用36）。よって被相続人が日本国籍であれば日本の民法に基づいて相続手続が進められます。

1　日本国籍を有する相続人

日本においては不動産登記、銀行借入金、自動車の名義変更等の諸手続等、様々な理由で印鑑証明書の提出が求められますが、日本での住民登録を抹消して外国に在留している人は、住民登録抹消と同時に印鑑登録も抹消されてしまいます。そのため、法務局や銀行等では、海外に在留している日本人には印鑑証明に代わるものとして、サイン証明（署名証明）の提出を求めています。

また、不動産の相続登記では、不動産を相続した人の住民票も必要となるので、在留証明も必要です。

サイン証明（署名証明）は、日本に住民登録をしていない海外に在留している人に対し、日本の印鑑証明に代わるものとして日本での手続のために発給されるもので、申請者の署名（及び拇印）が確かに領事の面前でなされたことを証明するもので、印鑑証明書に代わるものです。

サイン証明（署名証明）を受けるには、遺産分割協議書を現地の在外公館に持参し、領事の面前で署名（又は拇印）を行わなければならないので、申請する本人が公館へ出向いて申請することが必要です。

在留証明は、一般的には現在外国に居住している人（日本に住民登録のない人）が不動産登記の手続等で、法務局から外国における住所証明の提出が求められている場合に発給される一種の行政証明です。

在留証明の発給を受けるための条件には、日本国籍を有する人、又は、現地に既に３か月以上滞在し、かつ現在も居住していることなどがあります。

以上のように、外国に居住している日本国籍を有する相続人がいる場合には、相続手続に大変手間がかかります。しかし、遺言書を作成してあれば、遺言相続が優先され、遺産分割協議をする必要はありません。遺言書に遺言執行者の定めがしてあれば、遺言執行者がすぐに手続を始めることができます。その場合、相続人全員の印鑑証明書も必要ありません。そのことから、外国に日本国籍を有する推定相続人がいる場合は、遺言書を書いて遺言執行者を指定しておくことをお勧めします。

外国に居住している相続人には現金を、国内に居住する相続人には国内の不動産などを相続させる旨の遺言書を作成しておけば、外国に居住する相続人に送金で支払ができるので、相続手続を簡便に進めることができます。

２　日本国籍を有しない相続人

日本国籍を有しない相続人の場合で、その相続人が外国に居住しているときには、遺産分割協議書に、上記１と同様にサイン証明（署名証明）や在留証明に代わる書類が必要となることがあります。外国人が相続人である場合には、印鑑証明書に代えて、署名が本人であることを「本邦大使館等の発給した証明書」を取得することで証明することになります。住民票については、宣誓供述書に住所も記載して、公証人等に認証を受けることで、住所を証する書類として使用することができます。

一方、日本国籍を有しない外国人が相続人でも、住民票が作成される外国人については印鑑登録が可能とされています。住民票が作成される外国人の要件は、在留カード交付対象者、特別永住者証明書交付対象者などとされています。

遺言書が残されていた場合には、遺言相続が優先されることから、生前に遺言書を作成しておくことが望ましいと考えられます。

遺言の方式の準拠法に関する法律は、遺言は、その方式が次に掲げる法のいずれかに適合するときは、方式に関し有効とする（遺言準拠２）としています。

①　行為地法
②　遺言者が遺言の成立又は死亡の当時国籍を有した国の法
③　遺言者が遺言の成立又は死亡の当時住所を有した地の法
④　遺言者が遺言の成立又は死亡の当時常居所を有した地の法
⑤　不動産に関する遺言について、その不動産の所在地法

そのため、日本国籍を有する被相続人が残した遺言で、民法の規定にのっとった方式によって作成されたものは、その遺言書によって相続手続を行うことができます。

その場合、遺言執行者の定めがあれば、相続手続は遺言執行者によって執り行われます。

【14】 遺言書による未成年後見人の指定

10年前に５歳の孫と養子縁組をし、３年前に養親の一人（祖父）が亡くなりました。私（祖母）が亡くなると未成年の孫の親権者が不在となります。

孫の実親は、放蕩息子夫婦なので相続財産の管理を任せたくありません。

どうすればよいでしょうか。

対　策	遺言書で未成年の孫に財産を相続させるとしておき、遺言執行者を定めておくようにします。また、遺言書によって未成年後見人を指定しておくことができます。未成年後見人は親権者とほぼ同様の権利義務が認められていますので、未成年の孫の財産管理もしてもらえます。

解　説

未成年後見制度は、未成年者の保護を行うべき親権者が死亡したときなど、親権者が存在しない場合に、親権者に代わって未成年者を保護するべき保護者として後見人を選任する制度です。

親権者の死亡等のため未成年者に対し親権を行う者がない場合に、未成年者（意思能力があることが必要）、未成年者の親族、又はその他の利害関係人が家庭裁判所に申立てを行い、未成年後見人を選任してもらいます。

この未成年後見人については、遺言書で指定することができます。これは、未成年者に対して最後に親権を行う者は、遺言で、未成年後見人を指定することができる旨規定されています（民839）。

未成年後見人は親権者とほぼ同様の権利義務が認められていて、例えば、民法857条は、未成年後見人の未成年者に対する身上監護に関する権利義務として、民法820条から823条に規定する事項について親権者と同一の権利義務を有するものと規定しています。

また、民法859条によって、未成年後見人に未成年者の財産の管理を行う権限を与え、未成年者の法律行為について未成年者を代理する権限を認めています。

未成年後見人は、未成年者（未成年被後見人）の法定代理人であり、未成年者に代わり遺産分割協議に参加します。

【民　法】
（未成年後見人の指定）
第839条　未成年者に対して最後に親権を行う者は、遺言で、未成年後見人を指定することができる。ただし、管理権を有しない者は、この限りでない。
２　親権を行う父母の一方が管理権を有しないときは、他の一方は、前項の規定により未成年後見人の指定をすることができる。

【民　法】
（財産の管理及び代表）
第859条　後見人は、被後見人の財産を管理し、かつ、その財産に関する法律行為について被後見人を代表する。
２　〔以下略〕

しかし、最後に親権を行使する者が遺言で未成年後見人を指定しても、遺言の効力発生後に家庭裁判所の審判で、指定未成年後見人以外の者に親権者の指定又は変更がされる可能性は残ることは否定できません（民819⑥準用）。

【民　法】
（離婚又は認知の場合の親権者）
第819条　父母が協議上の離婚をするときは、その協議で、その一方を親権者と定めなければならない。
２～５　〔略〕
６　子の利益のため必要があると認めるときは、家庭裁判所は、子の親族の請求によって、親権者を他の一方に変更することができる。

【15】 判断能力が不十分な相続人がいる場合

相続人の一人が知的障害者です。

知的障害者は、自分で財産管理ができないため、その障害者の面倒を見てもらう約束になっている長男に遺言書で全ての財産を託そうと考えています。このような遺言書を作成することに問題はありませんか。

対　策	遺言書があれば遺言相続が優先されます。しかし、判断能力が不十分な相続人が遺留分権利者である場合には、その相続人の遺留分を侵害するような遺言は、成年後見人が遺留分の請求をすることになります。そのため、遺留分を侵害しない内容の遺言書にしておくことが望ましいと考えます。

解　説

相続人のうちに、認知症、知的障害、精神障害などの理由で判断能力の不十分な人がいる場合には、遺産分割などにおいて自分で判断することが困難であるため、後見人等を選任し、その後見人等が代わりに遺産分割協議に参加します。

この場合でも、遺言書が残されていると遺言相続が優先されますが、判断能力が不十分な人の遺留分を侵害しない内容にすることが望ましいと考えられます。判断能力の不十分な相続人の遺留分を侵害するような遺言の場合には、成年後見人が遺留分の請求をすることになります。

成年後見人が受遺者でもある場合には、利害が対立することになるため、遺留分侵害額の請求をするための特別代理人の選任を家庭裁判所に請求しなければなりません。

法定後見制度においては、その判断能力の程度に応じて、成年後見・保佐・補助の３つに区分され、それぞれ成年後見人・保佐人・補助人の選定を家庭裁判所に申し立てることとなります。

なお、成年被後見人は、税務上「障害者」に該当し、相続税法上では「特別障害者」として障害者控除の適用を受けることができます。

【16】 未成年の子の親権者に財産を管理させたくない場合

未成年の孫に遺産を相続させるために、遺言書を残そうと考えています。しかし、孫の親（親権者）が孫の財産を浪費してしまわないか心配です。

そこで、遺言書で財産管理人を指定することができませんか。

対　策	未成年の子の財産は、親権者が管理することとされています。しかし、親権者がその子の財産を浪費することが懸念される場合、遺言書で第三者にその子の財産を管理させることを指定することができます。

解　説

未成年の子は、父母に親権があり（民818①）、親権者は子の財産を管理します（民824①）ので、遺贈され、孫のものとなった財産は、原則としてその父母の管理に服することになります。そのため、未成年の孫に遺言書で財産を残してやりたいが、遺贈した孫の財産を孫の親権者である親が費消してしまわないか心配だということもあると思います。

このような場合、財産の管理権を第三者に委ねるという方法が考えられます。具体的には、孫に遺贈する旨と孫が成人に達するまでの間、第三者をその財産の管理権者とする旨を遺言書に明記します。

【民　法】

（第三者が無償で子に与えた財産の管理）

第830条　無償で子に財産を与える第三者が、親権を行う父又は母にこれを管理させない意思を表示したときは、その財産は、父又は母の管理に属しないものとする。

2　〔以下略〕

また、第三者がその父母（親権者）の一方にのみ遺贈財産の管理をさせない意思表示をしたときは、他の一方の父母（親権者）が管理することになります。

しかし、最後に親権を行使する者が遺言で未成年後見人を指定しても、遺言の効力発生後に家庭裁判所の審判で、指定未成年後見人以外の者に親権者の指定又は変更がされる可能性は残ることは否定できません（民819⑥準用）。

【民　法】

（離婚又は認知の場合の親権者）

第819条　父母が協議上の離婚をするときは、その協議で、その一方を親権者と定めなければならない。

2～5　〔略〕

6　子の利益のため必要があると認めるときは、家庭裁判所は、子の親族の請求によって、親権者を他の一方に変更することができる。

【17】 推定相続人の廃除

長男の非行が激しく、私に日々暴力を振るう毎日です。警察にも相談しましたがなかなか改まりません。

そこで、遺言書で相続資格を剥奪したいと思いますが、どのようにすればよいでしょうか。

対　策	推定相続人の廃除は、被相続人に対する虐待や重大な侮辱、その他の著しい非行があったことを証明する必要があります。また、遺言による廃除は、遺言執行者が家庭裁判所に請求することとされていますので、遺言執行者の定めも必要です。

解　説

遺留分を有する推定相続人から相続資格を奪う方法として「推定相続人の廃除」という制度があります（民892）。

推定相続人の廃除は、被相続人の意思によって遺留分を有する推定相続人の相続権を剥奪する制度です。そのため、廃除事由である被相続人に対する虐待や重大な侮辱、その他の著しい非行は、被相続人との人的信頼関係を破壊し、推定相続人の遺留分を否定することが正当であると評価できる程度に重大なものでなければならず、例えば、夫婦関係にある推定相続人の場合には、離婚原因である「婚姻を継続し難い重大な事由」（民770①五）と同程度の非行が必要であると解されています。

この推定相続人の廃除の手続には、被相続人が生前に行う場合（「生前廃除」）と、遺言によって行う場合（「遺言廃除」）とがあり、家庭裁判所に請求することができます。

遺言廃除をした場合、相続開始後に遺言執行者が、被相続人の最後の住所地を管轄する裁判所に、推定相続人の廃除を請求することになります（民893）。したがって、遺言廃除の場合は、遺言執行者が請求権者となりますので、必ず遺言執行者を選任しなければなりません。

また、推定相続人の廃除を認める審判が確定したら、市区町村にその旨を届け出る必要があります。これによって、戸籍に推定相続人が廃除された旨が記載されます。

戸籍に記載がなされれば、後日、相続登記をする際などに、戸籍を添付すればよいだけになるなど、相続後の手続に役に立ちます。

なお、推定相続人の廃除の取消しについても、同様に遺言書ですることができます（民894②）。

【裁判例】名古屋地裁平成28年11月22日判決（金法2146・68）

「遺言者は遺言者の有する一切の財産をＸ（原告・長女ａ）には相続させない。」と記載されていることから、被相続人は、Ｘを相続人から排除する意思を表している旨主張するが、被相続人が遺言で推定相続人を廃除する意思を表示したときは、遺言執行者を選任した上で、遺言執行者が、遅滞なく、その推定相続人の廃除を家庭裁判所に請求しなければならないところ（民法893条）、証拠及び弁論の全趣旨によれば、本件自筆証書遺言については遺言執行者の選任も家庭裁判所に対する廃除請求もされていないことが認められるから、Ｘが相続人から廃除されているとのＹの主張は採用できない。

【18】 遺言書による認知

父が亡くなり、相続税の申告を済ませた後に、遺言書が発見され、遺言書で認知した子がいることが判明しました。遺言書には遺言執行者の定めがあることから、認知の届出が遺言執行者によって執り行われました。

この場合、認知した子に対して一定の遺産を支払うことになったときは、既に済ませた相続税の申告が過大となることから更正の請求によって相続税を返してもらえますか。

対　策	認知があると、出生の時にさかのぼってその効力を生ずるとされていることから、遺言書によって認知があった場合には、認知があったことを知った日から４か月以内に限って更正の請求をすることで、過大となった相続税額の還付を受けることができます。一方、認知によって相続財産を取得することになった者は、認知を受けた日の翌日から10か月以内に相続税について申告する必要があります。

解　　説

認知は、戸籍法の定めるところにより届け出ることによってする（民781①）とされていて、遺言によってもすることができます（民781②）。

遺言による認知の場合には、遺言執行者は、その就職の日から10日以内に、認知に関する遺言の謄本を添附して、その届出をしなければならないとされています（戸籍64）。

認知があると、出生の時にさかのぼってその効力を生ずるとされています（民784）。

認知、相続人の廃除又はその取消し等の規定に関する裁判が未確定の場合には、これらの裁判がないものとして各相続人の相続分を基礎として相続税の課税価格を計算することとされています（相基通11の２－４）。

そして、その後の裁判の確定により各相続人の課税価格に異動を生ずることとなったときは、それぞれ、修正申告又は更正の請求により課税額を調整することになります（相税30～32①）。

なお、当事者が生前中であれば、婚姻関係にない父と母の間に出生した子を父が認知しない場合には、子などから父を相手とする家庭裁判所の調停手続を利用することができます。

この調停において、当事者双方の間で、子が父の子であるという合意ができ、家庭裁判所が必要な事実の調査等を行った上で、その合意が正当であると認めれば、合意に従った審判がされます。

【裁判例】東京地裁平成13年５月25日判決（税資250）、東京高裁平成14年11月27日判決（税資252）

被相続人の死亡後に認知の裁判が確定して相続人に異動が生じた場合には、それ以前に他の共同相続人間で遺産分割がされていたときには、被認知者は他の共同相続人に対して、その具体的相続分に相当する価額支払請求権のみが認められ、他の共同相続人はこれに対応する支払義務が生じるのであるから（民法910条）、この場合に他の共同相続人が相続税につき更正の請求をなし得る期限は、相続税法32条２号の文言どおり認知の裁判の確定したことを知った日から４か月以内に限ってすることができ、この期限以後はすることができないと解するのが相当である。

他方、被認知者は、当該判決確定の日の翌日から10か月以内に相続税について申告する義務を負うと解するのが相当である。そして、被認知者と他の共同相続人との間において価額支払請求権の内容について争いがあり、その係争をめぐる判決において、当初の申告等における計算の基礎となった事実が異なるところとなったとき（特別受益の有無やその額についての判断によって、被認知者の具体的相続分の相続財産全体に対する割合が異なる場合など）は、被認知者及び他の共同相続人は、当該判決の確定の日の翌日から起算して２か月以内に、国税通則法23条２項１号に基づき、更正の請求をすることができる。

【19】 相続人が１人でも遺言書を残す効果

私の相続人は、長男１人です。そのため、遺言書は必要ないと思いますが、いかがでしょうか。

対　策	長男が遠方に居住している場合や、意思能力がないときには、遺言書を残しておけば、相続手続がスムーズに行えます。

解　説

相続人が１人の場合でも、遺言書を残しておくと、以下のような効果が期待できます。

①　相続手続が容易に行うことが期待される

遺言書を残す場合に、遺言執行者を定めて、相続手続について委任しておけば遺言執行者によって、全て代行してもらえます。

相続人が遠方に居住している場合や、仕事が繁忙で相続手続にかける時間の確保が困難な場合でも、遺言執行者によってスムーズな相続手続が行われます。

②　相続人に意思能力がない場合

相続人に意思能力がなければ、相続手続をする場合には、成年後見人が必要となります。そのため、遺言執行者に、相続財産の名義変更など一切の権限を与えておけばスムーズな相続手続が行われることが期待されます。

【20】 相続人に対する貸付金がある場合

私は、長男が営んでいた事業の事業資金に困ったときに、私から資金援助しましたが、まだ完済されていません。

長男の事業の業績が芳しくなく貸付金の弁済は困難な状況にあると予想されます。

このような場合、この貸付金の処理はどのように対処すればよいでしょうか。

対　策	長男への貸付金の弁済を免除する、又はその貸付金を長男に相続させるとする遺言書を残しておくようにします。

解　説

相続人に対する貸付金で弁済が困難な事例もあります。この場合、遺言書でその貸付金を処理する方法として、以下の２つがあります。

① 貸付金の弁済を免除する旨を遺言書に残しておく

② 貸付金をその本人に相続させるとする遺言書を残しておく

この場合、貸付金の発生した事由や、その後の弁済の状況、相続時点の貸付残高が分かるような記録や契約書をきちんと保存しておかなければなりません。

また、上記①の場合、免除された債務（貸付金）は、相続財産とされ相続税の課税価格に算入されます。その場合、金銭を受け取れないその相続人は、相続税の納税資金に困ることも予想されます。

上記②の場合には、債務者と債権者が同一人となり、混同によって債権債務は消滅することになります（民520）。この場合も、その相続人は、その債権は相続財産とされることから、相続税の納税資金に困ることも予想されます。

【民　法】

（混同）

第520条　債権及び債務が同一人に帰属したときは、その債権は、消滅する。ただし、その債権が第三者の権利の目的であるときは、この限りでない。

【21】 換価して特定公益法人等へ遺贈する場合

遺言書で、遺言執行者において、遺産のうち不動産及び有価証券を売却処分し、その売却代金を相続人と公益法人等へ遺贈する旨残しています。

この場合、相続税と譲渡所得税の課税関係はどのようになるのでしょうか。遺言書に記載する内容について留意すべき点などがありましたら教えてください。

対　策	多くの公益法人等が、遺贈による寄附を受ける場合、金銭によることを求めています。そのため、相続財産で不動産や株式などは換価換金することが必要です。その場合、遺言執行者を定めておいてその手続を委任するように遺言書に記載しておきます。 また、不動産や株式を換価換金する場合の必要経費が発生し、かつ、譲渡所得税は、相続人の相続分に応じた負担となります。そのため、それらの費用などを譲渡収入金額から控除した残額を寄附するなど遺言書に明記しておくことが必要です。 一方、相続財産を現物で遺贈する場合には、被相続人の譲渡所得として課税され、その納税義務は相続人が承継することになります。

解　説

国税庁の質疑応答事例（遺言に基づき遺産の換価代金で特定公益信託を設定した場合の相続税及び譲渡所得の課税関係）の回答要旨（※著者にて一部要約）を確認します。

【国税庁　質疑応答事例（遺言に基づき遺産の換価代金で特定公益信託を設定した場合の相続税及び譲渡所得の課税関係）】（※著者にて一部要約）

①　相続税

適正な対価を負担せずに信託の受益者及び特定委託者となる者がある場合には、遺言により信託の効力が生じた時において、その受益者等がその信託に関する権利を委託者から遺贈により取得したものとみなされ相続税の課税対象となります（相税９の２①）。

しかしながら、その公益信託が所得税法施行令第217条の２第１項各号に掲げる要件を満たす特定公益信託であるときは、その信託に関する権利の価額は零として取り扱うこととされています。

遺言により遺産を換価し、その換価代金で特定公益信託を設定する場合も、遺産そのものを遺言により特定公益信託を設定する場合と異なるものではありませんから、換価された遺産のうち、特定公益信託の信託財産とされた金額に相当する部分以外の価額について相続税の課税対象とすることとなります。

なお、その区分は、換価された遺産の価額（評価額）に、換価代金から換価費用を除いた金額のうちに占める特定公益信託に充てられた金額又は充てられなかった金額のそれぞれの割合を乗じて計算します。

（遺産のうち特定公益信託の信託財産とされた部分の計算）

$$\text{換価された遺産の相続税評価額} \times \frac{\text{特定公益信託の信託財産に充てられた金額}}{\text{換価代金}-\text{換価費用}}$$

②　譲渡所得

遺産の換価処分は遺言執行者において行われますが、この換価処分は遺言執行者の職務（民1012）としてなされるものであり、また、遺言執行者がその権限内において遺言執行者であることを示してした行為は相続人に対して直接にその効力を生じます（民1015）から、遺産の換価処分に係る譲渡所得については、法定相続分に応じて各相続人が申告する必要があります。

以上のことから、遺贈の場合、遺言書に遺言者の有する不動産や有価証券などの財産を遺言執行者が換価換金し、必要経費・税金を控除した上で、公益法人等に遺贈する旨を記載することに留意しておかなければなりません。

多くの公益法人等が遺贈によって財産の寄附を受ける場合、原則として、現金以外の寄附については、遺言執行時に遺言執行者となった者が換価処分（現金化）し、必要な諸費用と税金を差し引いた金銭を寄附することとされています。

この場合、相続人の譲渡所得として課税されることから、翌年度の社会保険料等の負担が重くなることについても留意しておかなければなりません。

一方、相続財産（例えば、上場株式等）を現物で遺贈する場合には、相続財産を相続開始時の時価により法人へ譲渡したことになります（所税59①）。このため、譲渡所得の対象となる資産（例えば、土地、建物、有価証券など）が遺贈された場合には、被相続人に譲渡所得税（みなし譲渡所得）が課せられ準確定申告が必要となります（所税59①）。

被相続人の譲渡所得税は相続人が納税義務を負うことになります。このため、土地や株式など含み益のある資産を法人に対し特定遺贈する場合には、相続人が納税資金に苦しまないようにあらかじめ考慮する必要が生じます。

法人に特定遺贈する場合には、準確定申告における譲渡所得の税金相当額を受遺者である法人に負担させるよう負担付遺贈を行う等の配慮をすることも検討に値します。

ただし、公益法人等その他公益を目的とする事業を行う法人に対し、土地等の資産を遺贈するときに、あらかじめ譲渡所得税相当額の金額を負担する内容の負担付遺贈にすると、公益法人等に対する譲渡所得の非課税規定（租特40）が適用できなくなるので注意が必要です。租税特別措置法40条は、法人に対する贈与又は遺贈に関する所得税法59条１項１号の特別規定であり、負担という実質的な対価を伴う資産の移転は、無償の資産の移転を前提とする所得税法59条１項１号の適用はなく、租税特別措置法40条の規定の適用の余地はありません。

【22】 預貯金の相続における留意点

父が死亡し、遺言書が残されていました。相続人は長男と長女の２人です。父の遺言によると、預貯金は全て私（長女）に相続させるとしています。

私は、遺言によって預貯金の全てを相続することになるため、特段の手続などをする必要はないと思いますが、留意すべき点などがあれば教えてください。

対　策	法定相続分を超える金額（預貯金の額の１／２）については、対抗要件を備えなければ、第三者に権利が主張できないとされていることから、遺言の内容を金融機関に通知しておかなければなりません。

解　説

特定の財産を特定の相続人に承継させる旨の遺言を「特定財産承継遺言」といいます（民1014②）。例えば、「自宅の土地と建物は長男○○に相続させる」、「○○銀行△△支店の預金は長女○○に相続させる」といった遺言です。

実務上の留意点として、特定財産承継遺言で預貯金を特定の相続人に相続させたい場合、法定相続分を超える金額については、対抗要件を備えなければ、第三者に権利が主張できない（民899の２①）とされている点です。

遺言によって預貯金を相続する相続人が対抗要件を備えないうちに、他の相続人が預貯金の仮払い制度（民909の２）によって、預貯金の一部（預貯金の３分の１の額に当該相続人の法定相続分を乗じた額。ただし、金融機関ごとに上限が150万円とされています。）を引き出した場合には、その所有権をその相続人に主張することができません。

そのため、預貯金に対する対抗要件を具備するために、受遺者は預貯金を遺言によって取得したことを金融機関に早急に通知することが必要です。

民法では、相続分を超えて当該債権を承継した共同相続人が当該債権に係る遺言の内容（遺産の分割により当該債権を承継した場合にあっては、当該債権に係る遺産の分割の内容）を明らかにして債務者にその承継の通知をしたときは、共同相続人の全員が債務者に通知したものとみなすとされています（民899の２②）。

そのため、預貯金債権を取得した者は、遺言又は遺産分割の内容を金融機関に速やかに通知することにより、対抗要件を具備することが必要です。

【民　法】

（共同相続における権利の承継の対抗要件）

第899条の２　相続による権利の承継は、遺産の分割によるものかどうかにかかわらず、次条及び第901条の規定により算定した相続分を超える部分については、登記、登録その他の対抗要件を備えなければ、第三者に対抗することができない。

２　前項の権利が債権である場合において、次条及び第901条の規定により算定した相続分を超えて当該債権を承継した共同相続人が当該債権に係る遺言の内容（遺産の分割により当該債権を承継した場合にあっては、当該債権に係る遺産の分割の内容）を明らかにして債務者にその承継の通知をしたときは、共同相続人の全員が債務者に通知をしたものとみなして、同項の規定を適用する。

3　事業承継の円滑化

【23】　会社後継者の支配権の確保

会社経営者である父は、後継予定者の長男を代表取締役とし、一定の株式の贈与をしていますが、依然として父はその会社の過半数の株式を保有しています。

相続人は、長男、二男及び長女の３人です。

このまま父が亡くなった場合でも、長男がその会社の代表取締役なので事業の承継には支障が生じないと考えますが、問題はありませんか。

問題があるとするならば、どのような対応策を講じておけばよいでしょうか。

対　策	遺産分割協議が調わない場合、父の株式の議決権の行使に支障が生じます。そのため、父から長男に過半数の株式を生前贈与するか、遺言書で株式を長男に相続させるとしておくことが必須です。 なお、株式を長男に相続させるとした場合に、他の相続人から遺留分の請求が起こされることが予想されるときは、長男が金銭で遺留分相当額を支払えるよう生命保険などを活用するなど事前の対策も必要となります。

解　説

未分割遺産である株式は準共有状態にあるため、会社法106条により、株式についての権利を行使するためには、権利を行使する者を一人定め、その氏名をその会社に通知することが必要で、これをしなければ、その会社がその権利を行使することに同意した場合を除き、その株式についての権利を行使することができません。

そのため、遺言書で確実に過半数を超える議決権を、後継者が確保できるようにしておかなければ、被相続人が考える後継者以外の者が経営権を握ることになるかもしれません。以下、検証します。

【Ａ社の概要】

①　発行済株式総数　1000株（全て普通株式で１株１個の議決権）

②　株主構成　父（被相続人）600株、長男（後継予定者）400株

なお、父の相続人は、長男、二男及び長女の３名。

この場合、準共有状態にある株式600株の議決権の行使について、相続人の３人がそれぞれ１／３ずつ持分を有していることから、準共有状態にあるＡ社株式600株についてこの３人のうち２人が合意すれば、過半数をもって議決権を行使する者を選任することができます（最判平９・１・28裁判集民181・83、最判平27・２・19民集69・１・25）。そのため、二男及び長女が合意してＡ社株式の議決権を行使する者を二男と定め、Ａ社に通知すれば、二男が600株の議決権を行使することができます。その結果、二男が有する議決権数は過半数となり、二男又は長女が会社の経営権を握ることができます。

また、「会社法106条ただし書きは、準共有状態にある株式の準共有者間において議決権の行使に関する協議が行われ、意思統一が図られている場合にのみ、権利行使者の指定及び通知の手続を欠いていても、会社の同意を要件として権利行使を認めたものと解するのが相当であるところ、準共有者間において準共有株式の議決権行使について何ら協議が行われておらず、意思統一も図られていない場合には、会社の同意があっても、準共有者の１名が代理人によって準共有株式について議決権の行使をすることはできず、準共有株式による議決権の行使は不適法と解すべきである。」（東京高判平24・11・28判タ1389・256要旨）とする判決の上告受理審（最判平27・２・19民集69・１・25）においてもその判断が支持されています。

以上のことから、父が長男へ事業を承継させたいと考える場合には、生前贈与によってＡ社株式の過半数を贈与しておくか、遺言書によって長男がＡ社株式を相続することができるようにしておかなければなりません。そうすることで、非上場株式等についての納税猶予の適用を受けることができ、スムーズな事業承継に役立ちます。

また、遺言書が残されていれば、遺留分の請求が行われたとしても、令和元年７月１日以後に開始した相続から、遺留分減殺請求権（形成権）が、遺留分侵害額請求権（財産権）に変更することとされたことから、株式等が準共有状態に戻ることはありません（平成30年法律72号による民法改正）。

【判　例】

・最高裁平成９年１月28日判決（裁判集民181・83）

持分の準共有者間において権利行使者を定めるに当たっては、持分の価格に従いその過半数をもってこれを決することができるものと解するのが相当である。けだし、準共有者の全員が一致しなければ権利行使者を指定することができないとすると、準共有者のうちの一人でも反対すれば全員の社員権の行使が不可能となるのみならず、会社の運営にも支障を来すおそれがあり、会社の事務処理の便宜を考慮して設けられた規定の趣旨にも反する結果となるからである。

・最高裁平成27年２月19日判決（民集69・１・25）

共有に属する株式についての議決権の行使は、当該議決権の行使をもって直ちに株式を処分し、又は株式の内容を変更することになるなど特段の事情のない限り、株式の管理に関する行為として、民法252条本文により、各共有者の持分の価格に従い、その過半数で決せられるものと解するのが相当である。

【会社法】

（共有者による権利の行使）

第106条　株式が２以上の者の共有に属するときは、共有者は、当該株式についての権利を行使する者１人を定め、株式会社に対し、その者の氏名又は名称を通知しなければ、当該株式についての権利を行使することができない。ただし、株式会社が当該権利を行使することに同意した場合は、この限りでない。

【民　法】

（共有物の管理）

第252条　共有物の管理に関する事項は、各共有者の持分の価格に従い、その過半数で決する。共有物を使用する共有者があるときも、同様とする。

２　〔以下略〕

なお、遺産未分割の状態は、遺産の分割により具体的に相続財産を取得するまでの暫定的、過渡的な状態であり、将来、各相続人等がその法定相続分等に応じて確定的に取得するとは限りません。そこで、自社株の相続税評価額を判定する場合の議決権数は、それぞれの相続人が株式等の全部を取得するものとして行う必要があります。

【24】 法人への土地遺贈

会社経営者の父が所有する不動産を、この会社（製造業）が賃貸し、本社工場として利用しています。この不動産は会社にとって必要不可欠なものなので、父は遺言書で会社に遺贈するとしています。

この場合の課税関係は、どのようになりますか。留意すべき点などがあれば教えてください。

対　策	会社の後継者にとって事業を継続するために必要な資産を、その法人が遺言書によって遺贈を受けることは望ましいと考えられます。 しかし、法人への不動産の遺贈は、法人に対して法人税が、被相続人の父には譲渡所得税が、その会社の同族株主にはその株式の価値の増加があった場合には相続税が課される可能性があります。 さらに、その土地については、法人が取得者であることから小規模宅地等の特例の適用を受けることもできません。 そのような課税上の不利益を受けることになる可能性があることも考慮しておかなければなりません。

解　説

被相続人が所有する不動産を、同族法人が賃貸していている場合に、その不動産が法人にとって事業を継続するために不可欠なものであるときなどでは、その法人へ不動産を遺言書によって遺贈することがあります。

遺贈された不動産には、相続税の課税は行われませんが、遺贈された財産には法人税が課されるなど、課税関係は以下のようになります。

1　受遺者である法人への課税

遺贈は、受遺者の意思とは無関係に遺贈者の死亡によって当然にその効力が生じます（民985①）。遺贈は、あくまでも無償で財産を移転する意思と解されますので、法人へ財産を遺贈するとした遺言書が残されていたら、遺贈者の死亡時点で受贈益が法人に発生することになります。

なお、法人に対する遺贈が相続人の遺留分を侵害する場合が考えられますが、相続人から遺留分侵害額請求権に基づき請求が行われ、これにより遺留分侵害額を支払うこととなった場合には､その事業年度の損金として取り扱われます。これについては、法人は継続的な企業として永続するのが原則であり、その損益計算は、その永続的経済活動を区切り、その期間ごとの損益を計算するのであり、当期に生じた損失は、その発生原因を問わず、当期に生じた収益に対応させて経理すべきものであるから、その発生原因が既往の事業年度の収益に対応するものであっても、原則としてその事業年度に遡って損金として処理しないのが原則である（福岡高那覇支判平11・５・11税資242・527）としています。

一方、遺贈があった場合に、受遺者は遺贈を放棄することができます（民986）ので、法人が遺贈を放棄したときは、受贈益は生じなかったことになります。

２　被相続人への課税

法人に対し譲渡所得の基因となる資産の遺贈が行われた場合には、原則として、時価で譲渡したものとみなされます（所税59①一）。

遺贈者の死亡により遺言の効果が生じることから、遺贈者の相続人は相続開始を知った日の翌日から４か月以内に準確定申告を行い（所税124）、被相続人に課された納税義務を負わなければならない（税通５）ことになります。

みなし譲渡所得として被相続人に課せられた税額は、被相続人の未納の公租公課として相続税を計算する際に債務控除することができます（相税13①）。

３　同族株主に対する課税

遺贈を受けた法人が同族会社の場合は､同族株主の有する株式の増加部分について、被相続人から同族株主へのみなし遺贈があったとみなされ、その同族株主に相続税が課税されます（相税９、相基通９－２(１))。

４　小規模宅地等の特例

小規模宅地等の特例は、個人が相続又は遺贈によって取得した財産で、相続開始直前において被相続人等の事業の用に供しているなど一定の要件を満たす場合には、適用を受けることができます（租特69の４)。

そのため、法人へ遺贈された土地については、小規模宅地等の特例（本事例の場合には、特定同族会社事業用宅地等）の適用を受けることができません。

【25】 土地の無償返還に関する届出書（使用貸借契約である場合）

父の土地を、父が株主である会社が建物を建てて利用し、その土地の貸借は「使用貸借」としています。

そのため、借地借家法が適用されず借地権は発生しないことから、土地の無償返還に関する届出書の提出は不要と思います。

留意すべき点などがあれば教えてください。

対　策	使用貸借契約については、借地借家法が適用されないことから借地人に借地権は生じません。 しかし、取引の当事者の一方又は双方が法人である場合には、土地貸借が使用貸借によるものであっても、賃貸借契約の偽装行為と認定され、原則として法人に対して借地権の認定課税が行われます。そのため、借地権の認定課税を回避するために「土地の無償返還に関する届出書」を提出しておかなければなりません。 また、使用貸借となっている土地の場合、その法人にとって事業を継続するのに不可欠な土地であるときには、土地所有者の相続を契機に、法人が借地人として継続してその土地を利用することができなくなる可能性もあることから、後継者が確実に相続することができるよう遺言書を残しておくことが肝要です。

解　説

使用貸借契約については、借地借家法が適用されず、民法593条から600条までが適用されます。また、無償で貸し付けているため、使用貸借契約においては、貸主は原則としていつでも借主に対して契約を解除し、物の返還を要求することができます。ただし、存続期間を定めているときはその期間が満了するまでは物の返還を要求できません（民597）。

使用貸借による敷地利用権は、権利性の薄弱なものであり、経済的価値を有しないものと解され、また、借家人の敷地利用権は、建物所有者の敷地利用権に従属して、その範囲内での権能にすぎないと考えられます。

【民　法】
（使用貸借）
第593条　使用貸借は、当事者の一方がある物を引き渡すことを約し、相手方がその受け取った物について無償で使用及び収益をして契約が終了したときに返還をすることを約することによって、その効力を生ずる。

しかし、税務上は法人との間における土地の使用貸借であっても、原則として借地権の課税関係が生じるとしています。

これは、土地の賃借関係の実態が使用貸借であっても、法人は、本来営利追求を目的として設立され、合理的経済人としての行動を前提としていることから、法人税法22条では資本等取引以外の取引全てについて収益の額を計算して益金の額に算入すべきものとされており、土地の貸借が使用貸借の名の下に法人に建物を建築させた場合でも、借地権相当額の認定課税が行われるべきであると認められます。

このように、法人においては、建物のように相当の投資価値を有する資産を、貸借した土地の上に設ける場合には、その土地貸借を借地借家法における借地に係る保護規定のない使用貸借契約の形態で設定することは、その経済的合理性から逸脱した行為であると考えられ、このような行為は、表面上は使用貸借契約であるが、その実態は賃貸借契約（通常の地代の支払と同額の免除益の発生）にほかならず、使用貸借契約の形態をとっているのは賃貸借契約の偽装行為であると認定して、税務上では原則として法人に対して借地権の認定課税を行うこととしています。

しかし、その土地貸借が使用貸借で、「土地の無償返還に関する届出書」を提出している場合には、その土地に対する一切の権利はないものとされ、借地権の認定課税はなされないこととされています。そのことから、土地は自用地として評価され、法人の株式の評価において純資産価額に加算する金額はないということになります。

なお、その土地は貸付事業にも供されていないことから、小規模宅地等の特例の適用を受けることができません。

【26】　土地の無償返還に関する届出書（賃貸借契約である場合）

父が所有する土地の上に、父が主宰する法人が建物を建てて利用しています。その土地貸借は、「賃貸借」によって一定の地代を父に支払っています。

また、「土地の無償返還に関する届出書」も提出してあることから、法人には借地権がないものと判定されています。

実務上注意しておくべき点などがあれば教えてください。

対　策	税務上は、「土地の無償返還に関する届出書」を提出している場合で、貸借当事者間で財産権としての借地権の価額は認識しないことを確認していますので、借地権の認定課税を受けることはありませんが、借地借家法に基づく借地に係る保護規定の適用が受けられることになることに留意しておかなければなりません。

解　説

借地権とは、建物の所有を目的とする地上権又は土地の賃借権（民601）をいい、その登記がなくても、土地の上に借地権者が登記されている建物を所有するときは、これをもって第三者に対抗することができるとされています。

また、借地に関する規定に反する特約で借地権者に不利なものは、無効とするとされています（借地借家９）。

建物の所有を目的として設定された土地賃借権は、土地の無償返還に関する届出書が提出されている場合であっても、借地法上の借地権であることに変わりはありません。土地の無償返還に関する届出書は、賃貸借契約の当事者間において将来借地を無償で返還することを約し、かつ、その旨を所轄税務署長に届け出たときは、当該借地権は経済的価値を有しないものであり、課税上もそのようなものとして取り扱うべきことを税務当局に対して表明したものと取り扱う趣旨であると解すると判示しています（大阪地判平11・１・29税資240・522）。

建物の所有を目的とする土地の賃貸借による「土地の無償返還に関する届出書」が提出されている場合に、借地借家法の借地権が借地人に移転しても、その土地の経済的価値の下落は発生しないとするのが「土地の無償返還に関する届出書」の制度の趣旨です。

土地の無償返還に関する届出書が提出された場合の貸地の評価については、地主の下に借地権部分に相当する経済的価値が残存し、貸地であっても自用地同然の収益力を有し経済的価値が保持されているものとみるのが経済的実態に通常合致し、課税関係にこれを反映することには合理性があると考えられます。

税務上は、「土地の無償返還に関する届出書」を提出している場合で、貸借当事者間で財産権としての借地権の価額は認識しないことを確認していますので、権利金等の認定課税を受けることはありませんが、借地借家法に基づく借地に係る保護規定の適用が受けられることになります。

例えば、父に相続が開始し、その会社の株式とその土地を長男が相続すれば、長男の土地に長男が主宰する会社の建物となり、名義が違いこそすれ完全な所有関係になります。しかし、その土地を長男以外の相続人が相続した場合に、その土地をめぐって争いになったときには、地主に対して長男が主宰する法人は、借地借家法の保護のある「建物所有を目的とする土地の賃貸借」であるため、借地権が存在するという主張ができます。

土地を長男以外の相続人が相続した場合、相続人の権利は土地の底地部分だけという、税務上と異なる結果となります。

このように、民法と借地借家法、税法が異なる取扱いになることに注意が必要です。

そのため、同族法人を承継する者とその賃貸建物の敷地を取得する者を同一人とすればこのような状態は生じませんので、遺言書でそれらの財産を同じ相続人に対して相続させる旨、残しておくようにしなければなりません。

【民　法】

（賃貸借）

第601条　賃貸借は、当事者の一方がある物の使用及び収益を相手方にさせることを約し、相手方がこれに対してその賃料を支払うこと及び引渡しを受けた物を契約が終了したときに返還することを約することによって、その効力を生ずる。

【借地借家法】

（強行規定）

第９条　この節の規定に反する特約で借地権者に不利なものは、無効とする。

なお、「土地の無償返還に関する届出書」の提出があった場合の税法上の有効性が争われた事例（東京地判平20・７・23税資258（順号10996））における判決では、「無償返還届出の税法上の性質・効果等に照らすと、本件届出書に係る無償返還届出は、認定課税の回避という課税上の利益を享受するための公法上の行為として課税庁に対して行われ、現にこれを享受し得る効果を伴うものとして有効に成立していると認められる以上、当該届出に係る当事者間の無償返還合意の私法上の効力のいかんによって、当該届出の税法上の効果が左右されるものではないというべきである。」と判示しています。

【27】 同族法人への貸付金の放棄

会社経営者の父は、会社の資金繰りを助けるために会社へ多額のお金を貸し付けています。このままで父が死亡するとその貸付金は相続財産として課税されるとのことです。

会社の財務内容からその貸付金の回収は困難と予想されますので、事前の対策などがあれば教えてください。

対　策	その貸付金については、生前又は遺言書などにより債権放棄などの対策を実行しておく必要があります。その場合、債権放棄を受けた法人への課税や、その会社の同族株主に対する課税関係が生じないか事前に確認が欠かせません。

解　説

個人による同族会社への貸付金について、回収が困難と思われる場合でも、回収が不可能又は著しく困難であることが立証できないと相続財産として課税されます。

そこで、その貸付金については、生前又は遺言書などにより債権放棄などの対策を実行しておく必要があります。

債権放棄は債権者の一方的な意思表示で効力が生じますが、税務申告等対外的な証拠を残すためにも、内容証明郵便を使うことが大切です。

債権放棄を受けた法人は、免除益については原則としてその法人の益金に算入されます。

しかし、法人に税務上の繰越欠損金が残っていれば、繰越欠損金の範囲内であれば債務免除益に対して法人税が課税されず、相続財産である「貸付金」も減少させる効果があります。

一方､債権放棄を行うと既存株主へのみなし贈与が発生する可能性もありますので、事前に検証が欠かせません。

【設　例】

1.　A社の概要

①　資本金　1000万円（発行済株式数　20万株）

②　株主　父　12万株・長男（40歳）８万株

③　利益等の状況　法人税法上の繰越欠損金１億円

④　純資産価額

資産の合計額　5000万円

債務の合計額　9000万円（うち、父からの借入金8000万円）

⑤　父からの債権放棄　6000万円

⑥　類似業種比準価額

父からの債権放棄があった場合でも、類似業種比準価額は純資産価額を上回るものと仮定する。

⑦　債務放棄があった後の株価

5000万円－（9000万円－6000万円）＝2000万円　⇒　100円／株

２．課税関係

（１）　法人税

債権放棄を受けた法人は、6000万円が益金となるが、繰越欠損金が１億円あるため法人税は課されない。

（２）　贈与税

父が債権放棄したことで、Ａ社株式の価値が増加したため、長男に贈与税が課される。

100円×８万株＝800万円　⇒　贈与税　117万円

なお、遺言による債権放棄があった場合には、Ａ社株式の価値の増加額はその株主に対して遺贈があったものとみなされて相続税が課される。

この【設　例】の場合、父が債権放棄したことによって、同族株主である長男の株式の価値が増加したため、長男に贈与税が課されます。しかし、父の財産が6000万円減少したことによる相続税の軽減効果はもっと大きなものであると推測されます。

4　不動産相続手続の円滑化

【28】　相続させる旨及び遺贈する旨の遺言書

父が死亡し、遺言書が残されていました。遺言書には、相続人に対して不動産を相続させるとしてあり、相続人以外の者に対して不動産を遺贈するとしています。

このような場合に、遺言書に遺言執行者の定めがない場合の相続登記については、どのようになりますか。また、相続人に対して不動産を遺贈するとしていた場合の相続登記は、どのような手続が必要ですか。

対　策	遺言書に遺言執行者の定めがあれば、遺贈するとしている不動産の相続登記は、受遺者と遺言執行者が、遺言執行者の定めがない場合には、受遺者と全相続人が共同申請する必要があります。 なお、令和５年４月１日からは、相続人に対する遺贈については、相続人である受遺者が単独で相続登記の申請をすることができます（令和３年法律24号による改正）。

解　説

遺言によって遺産のうちの不動産を特定の人に帰属させる場合、その特定の人が相続人でない場合は「遺贈する」とし、その特定の人が相続人である場合は「相続させる」と記載することが基本です。

不動産の登記手続において、「遺贈する」としている場合は、受遺者と全相続人又は遺言執行者との共同申請をする必要がありますが、「相続させる」としている場合は、相続人である受益者が単独で相続登記を申請できます。

「相続させる」趣旨の遺言は、民法908条にいう遺産の分割の方法を定めた遺言であり、これと異なる遺産分割の協議、さらには審判もなし得ないから、このような遺言にあっては、何らの行為を要せずして被相続人の死亡の時に直ちに当該遺産が当該相続人に相続により承継される（最判平３・４・19民集45・４・477）と判示しました。

＜遺言書による不動産の相続登記＞

	（相続人に対して）相続させる	（相続人以外の者に）遺贈する	
		遺言執行者がいる場合	遺言執行者がいない場合
登記義務者	相続人による単独申請	遺言執行者	遺言者の相続人全員
印鑑証明書	不要	遺言執行者の印鑑証明書（発行後３か月以内のもの）	相続人全員の印鑑証明書（発行後３か月以内のもの）
受遺者の住民票	要	要	要
登録免許税	固定資産税評価額 ×４／1000 （登税別表第１－(二)イ）	固定資産税評価額 ×20／1000 （登税別表第１－(二)ハ）	固定資産税評価額 ×20／1000 （登税別表第１－(二)ハ）
登記済証又は登記識別情報	不要	要	要

※遺言によって相続人等が遺贈を受ける場合には、遺言執行者がいる場合を除き、法定相続人全員の協力がないと遺贈による名義変更を行うことはできませんでしたが（不登60）、不動産登記法が改正され、遺贈（相続人に対する遺贈に限ります。）による名義変更は、不動産の遺贈を受ける者が単独で申請することができるようになりました（不登63③）。この改正（令和３年法律24号）は、令和５年４月１日から施行されています。

【29】 配偶者居住権を遺贈する場合

私は再婚した妻の老後生活の安定のために、現在居住している不動産について妻に相続させたいと考えています。しかし、再婚した妻との間に子はいません。そのため、妻が死亡したらその不動産は、私の先妻の子に相続させたいと願っています。

妻と私の子との間で養子縁組を行う方法や、妻の遺言書によって私の子が相続することができる方法があると聞いています。

しかし、それらの方法は確実なものとはいえないとのことなので、代替案があれば教えてください。

対　策	配偶者居住権を妻に遺贈すれば、妻は賃料の負担なくその建物に住み続けることができます。 配偶者居住権は、他に譲渡することができません。また、妻が死亡したら配偶者居住権は消滅するとされていますので、遺言書で配偶者居住権を妻に遺贈し、居住用不動産（負担付所有権）については、子に相続させるとしておけば、妻の死亡によりその子が完全所有権として承継することができます。

解　説

社会の高齢化が進み平均寿命が延びたことから、夫婦の一方が亡くなった後、残された配偶者が長期間にわたり生活を継続することも多くなりました。その際には、配偶者が、住み慣れた住居で生活を続けるとともに老後の生活資金として預貯金等の資産も確保したいと希望することも多いと考えられます。

そこで、平成30年の民法改正（平成30年法律72号）によって、残された配偶者が被相続人の所有する建物（夫婦で共有する建物でも構いません。）に居住していた場合で、一定の要件を満たすときに、被相続人が亡くなった後も、配偶者が、賃料の負担なくその建物に住み続けることができる権利（配偶者居住権）が創設（民1028）され、令和２年４月１日から施行されています。

配偶者居住権は譲渡することはできません（民1032②）。また、配偶者の死亡によって配偶者居住権は消滅することとされています（民1036において準用する597③）。

配偶者居住権は、遺言で配偶者に配偶者居住権を遺贈することで設定する（民1028①

二）ことができますので、配偶者に配偶者居住権を取得させるには遺言書を残しておくことがよいでしょう。

もっとも、その遺言で配偶者が配偶者居住権を取得するためには、相続開始の時に、その建物に配偶者が居住していたことが必要になります。

また、被相続人が、遺言によって所有する建物に配偶者居住権を設定せずに亡くなった場合でも、その時点で当該建物に居住していたときは、残存配偶者は、他の相続人と遺産分割の協議をすることで配偶者居住権を取得することができます（民1028①一）。

遺産分割の協議が調わないときは、家庭裁判所に遺産分割の審判の申立てをすることによって、残存配偶者が配偶者居住権を取得することができる場合があります。

相続人に対して財産を相続させようと考える場合に、遺言書には「相続させる」と記載するのが基本です。しかし、配偶者居住権については、民法1028条１項２号において、「配偶者居住権が遺贈の目的とされたとき」に取得すると規定されています。そのため、遺言書には配偶者に「遺贈する」と記載することについても留意しておかなければなりません。

これは、相続させる旨の遺言の場合、配偶者が配偶者居住権の取得を希望しないときにも、配偶者居住権の取得のみを拒絶することができずに、相続放棄をするほかないこととなり、かえって配偶者の利益を害するおそれがあること等を考慮したものです。

配偶者居住権については、特別受益の持戻し免除の意思表示があったものと推定されることとなっています（民1028③）。

【民　法】

（配偶者居住権）

第1028条　被相続人の配偶者（以下この章において単に「配偶者」という。）は、被相続人の財産に属した建物に相続開始の時に居住していた場合において、次の各号のいずれかに該当するときは、その居住していた建物（以下この節において「居住建物」という。）の全部について無償で使用及び収益をする権利（以下この章において「配偶者居住権」という。）を取得する。ただし、被相続人が相続開始の時に居住建物を配偶者以外の者と共有していた場合にあっては、この限りでない。

一　遺産の分割によって配偶者居住権を取得するものとされたとき。

二　配偶者居住権が遺贈の目的とされたとき。

2　居住建物が配偶者の財産に属することとなった場合であっても、他の者がその共有持分を有するときは、配偶者居住権は、消滅しない。

3　第903条第４項の規定は、配偶者居住権の遺贈について準用する。

なお、夫が遺言書によって妻へ居住用不動産を相続させる旨の遺言は有効ですが、妻が死亡した後に、夫の子に居住用不動産を相続させる旨の遺言は無効と考えられています。そこで、居住用不動産を夫の子へ相続させる方法として、妻と夫の子が養子縁組を行い相続する方法や、妻が遺言書を残し夫の子に遺贈する方法も考えられます。しかし、養子縁組は当事者の合意によって、又は離縁の調停や裁判によって離縁することができ、遺言書は妻が単独に新たに書き換えることも可能ですので、確実な方法とはいえません。

＜配偶者居住権の設定件数＞

	令和２年		令和３年		令和４年		令和５年	
	件　数	個　数	件　数	個　数	件　数	個　数	件　数	個　数
1月	—	—	51	52	67	70	89	90
2月	—	—	49	50	72	75	60	61
3月	—	—	72	73	90	93	80	81
4月	0	0	50	50	62	64	68	71
5月	1	1	55	58	64	65	64	66
6月	5	5	76	78	77	80	73	73
7月	7	9	77	77	70	72		
8月	8	8	84	84	88	94		
9月	14	15	87	90	71	73		
10月	14	14	98	101	68	69		
11月	29	29	91	93	76	78		
12月	51	52	90	94	87	89		
合　計	129	133	880	900	892	922		

（出典：【登記統計　統計表】総括・不動産・その他　月報　第６表（法務省））

【30】 賃料収入の帰属

不動産賃貸業を営む父が死亡しました。父は遺言書を残していませんでした。遺産分割協議は父の死亡後10か月で調いました。

分割協議が調うまでの間の賃料は、誰に帰属するのですか。具体的な手続についても教えてください。

対　策	遺産分割協議が調うまでの間の賃料収入は、各相続人の法定相続分に応じてそれぞれ帰属します。その場合、賃料の帰属について相続人間で協議によって決めることはできますが、所得税の計算は、原則どおり各相続人の収入金額として課税されることになります。 そのため、遺産分割協議が長引くと分割協議がますます難しくなることが予想されますので、遺言書を残しておくべきです。

解　説

遺言書が残されていないと、遺産分割協議が調うまでの間の賃料収入は、各相続人の法定相続分に応じてそれぞれ帰属するとされています。

遺産分割の効力は相続開始時点に遡って効力を生じますが、その相続財産から生じる財産は、その相続財産とは別の財産であると考えることになります。よって、遺産分割協議により確定したその相続財産と紐付きで分割されず、各相続人が法定相続分で取得することになります。

なお、賃料も相続財産から生じる果実ですので、遺産分割協議で配分方法を決めることは可能です。ただし、所得税の申告においては、遺産分割協議が確定するまでは共同相続人がその法定相続分に応じて申告することとなり、申告後に分割が確定した場合であっても、その効果は未分割期間中の所得の帰属に影響を及ぼすものではないとして、分割の確定を理由とする更正の請求や修正申告を行うことは認められていません。

【判　例】未分割遺産から生じる賃料収入の帰属（最高裁平成17年9月8日判決（民集59・7・1931））

【事案の概要】

亡Aは賃貸不動産をいくつか所有していました。遺産分割協議等により各不動産の帰属が決まるまでは、相続人全員が共同して管理する共同口座に各不動産の賃料を保管し、遺産分割協議により各不動産の帰属が決まった時点で、清算を行うことで暫定的合意が成立していました。

その後、家庭裁判所の審判により各不動産の帰属が確定しました。この場合において、不動産の帰属が確定するまでの間に共同口座に貯められた賃料債権の帰属について争った事案となります。

原審では、遺産から生ずる法定果実は、それ自体は遺産ではないが、遺産の所有権が帰属する者にその果実を取得する権利も帰属するのであるから、遺産分割の効力が相続開始の時に遡る以上、遺産分割によって特定の財産を取得した者は、相続開始後に当該財産から生ずる法定果実を取得することができると判断しました。そうすると、本件各不動産から生じた賃料債権は、相続開始の時に遡って、本件遺産分割決定により本件各不動産を取得した各相続人にそれぞれ帰属することとなります。

しかし最高裁判所は、遺産は、相続人が複数人である場合、相続開始から遺産分割までの間、共同相続人の共有に属するものであるから、この間に遺産である賃貸不動産を使用管理した結果生ずる金銭債権たる賃料債権は、遺産とは別個の財産というべきであって、各共同相続人がその相続分に応じて分割単独債権として確定的に取得するものと解するのが相当であると判断しました。

【要旨】

遺産分割は、相続開始の時に遡ってその効力を生ずるものであるが、各共同相続人がその相続分に応じて分割単独債権として確定的に取得した賃料債権の帰属は、後にされた遺産分割の影響を受けないものというべきである。

なお、所得税の課税においても、未分割の遺産は、各相続人の共有に属するもの（民898）とされており、その共有割合は、「法定相続分」（代襲相続分を含みます。）とされていることから、各相続人に帰属する不動産所得の金額は、「法定相続分」で計算し、それぞれ申告することとされています。

【設　例】

1.　被相続人　父（令和５年４月３日死亡）
2.　相続人　長男・二男・長女
3.　父の賃貸不動産の年間収支

（単位：万円）

	収　入	支　出	差　額
アパート	1000	400	600

青空駐車場	250	50	200
賃貸マンション	1860	2000	△140
合　計	3110	2450	660

※父と長男は同一生計で、賃貸物件の管理・運用などを行い、不動産賃貸業で生計を維持している。一方、二男及び長女は、父と別生計で、父の賃貸収入に関係なく生活が維持できている。

①　遺言書が残されていない場合で遺産分割協議が調わず、法定相続分で分けるとき
②　遺言書が残されていて全て長男に相続させるとしている場合

（単位：万円）

	①の場合			②の場合
	長男	二男	長女	長男
収支差額の帰属	220	220	220	660

以上のように、遺言書が残されていない場合、長男は賃貸不動産の収入の一部しか取得することができなくなり、生活に困窮することになります。そうすると、じっくりと時間をかけて遺産分割協議をする余裕がなくなり、二男又は長女に対して相当な譲歩をしないと分割協議が調わないことも予想されます。

一方、遺言書が残されていたならば、たとえ、二男又は長女から遺留分侵害額の請求があったとしても、令和元年７月１日以後に開始した相続であれば、原則として、金銭によって弁償することになります（平成30年法律72号による民法改正）。遺言書があれば毎年の安定した収入は長男に帰属することとなるため、余裕をもって遺留分の請求に対応することができます。

【31】 20年以上の婚姻期間のある配偶者へ居住用不動産を遺贈する場合

婚姻期間が20年以上の妻へ、居住用不動産を相続させ、かつ、老後資金も少し多めに残してやりたいと考えます。その旨を遺言書に記載しておけばよいですか。

それとも、共同相続人間の遺産分割協議に任せても、妻が相続することができる財産の額は同じでしょうか。

対　策	婚姻期間が20年以上の配偶者への贈与又は遺贈については、持戻し免除の意思表示があったものと推定されます。そのことから、遺産分割協議による場合と比較して、配偶者が相続することができる金額は多くなることが期待されます。 そのためには、居住用不動産を生前贈与しておくか、遺言書で相続させるとしておくことが必要です。

解　説

長期間婚姻している夫婦間で居住用不動産の贈与があっても、原則として特別受益と判定されることから、法定相続分によって遺産分割が行われる場合には、結果的に贈与がなかったことと同じになります。このことは、被相続人が贈与を行った趣旨が遺産分割に反映されない結果となってしまいます。

また、長年にわたり被相続人と同居して日常生活を支え、被相続人の財産形成に有形・無形の寄与があったとしても、基本的には法定相続分によって形式的・画一的に遺産の分配が行われることになります。そうなると高齢になって再婚した配偶者と同じ取扱いになって実質的公平を欠くことにもなりかねません。

そこで、平成30年の民法改正（平成30年法律72号）において、婚姻期間が20年以上である夫婦の一方配偶者が、他方配偶者に対し、その居住用建物又はその敷地（居住用不動産）を遺贈又は贈与した場合については、民法903条３項の持戻しの免除の意思表示があったものと推定し、遺産分割においては、原則として当該居住用不動産の持戻し計算は不要となりました（当該居住用不動産の価額を特別受益として扱わずに計算をすることができます。）。

【設　例】

1．前提条件

①　被相続人　父（令和5年3月死亡）

②　相続人　母・長男・長女

③　相続財産　1億円（うち、居住用不動産3000万円）

④　特別受益

父は遺言書で、婚姻期間20年以上の母に対して居住用不動産を遺贈するとしている。

2．みなし遺産価額

①　特別受益の持戻しをする場合（遺言書がなく遺産分割協議による場合）

7000万円＋3000万円＝1億円

②　特別受益の持戻しの免除があった場合（遺言書により取得する場合）

7000万円

3．各相続人の相続分

①　特別受益の持戻しをする場合

母　：1億円×1／2－3000万円（特別受益）＝2000万円

長男：（7000万円－2000万円）×1／2＝2500万円

長女：（7000万円－2000万円）×1／2＝2500万円

②　特別受益の持戻しの免除をする場合

母　：7000万円×1／2＝3500万円

長男：7000万円×1／4＝1750万円

長女：7000万円×1／4＝1750万円

③　長男又は長女の遺留分

（7000万円＋3000万円）×1／2×1／4＝1250万円≦1750万円

∴遺留分の侵害はないため、各相続人の相続分は1750万円となる。

（単位：万円）

		遺産分割による場合	遺言書による場合
相続財産		7000	7000
遺贈財産（居住用不動産）の持戻し		3000	—
みなし遺産価額		10000	7000
各相続人の相続分	母	（※1）2000	（※2）3500
	長　男	2500	1750
	長　女	2500	1750

（※１）　みなし遺産価額の１／２（法定相続分）から特別受益の額を控除した金額が、母の相続分となる。
（※２）　特別受益については、持戻し免除があったものとみなされることから、特別受益の額を加算しないみなし遺産価額の１／２（法定相続分）を相続することができる。その結果、特別受益の額と合わせて母は6500万円を相続することができる。

以上の【設　例】の場合、居住用不動産について遺産分割協議によって取得し持戻し免除がないものとした場合と、遺贈によって取得したときとを比較すると、遺贈によって居住用不動産を取得した方が、持戻し免除の推定規定によって配偶者の相続分は多くなります。

【32】 不動産の相続登記の義務化への対応

平成20年に開始した祖父の相続で、父が遺産分割協議によって不動産を相続することになっていましたが、相続登記をしないまま放置されています。

相続登記が義務化され、正当な理由がない場合には、罰金も科されるとのことですが、相当以前に開始した相続についても同様に相続登記が義務化されるのでしょうか。

また、父が死亡した場合、相続人間で遺産分割協議が調わないときは相続登記が困難になりますが、そのような場合にはどのような対処法が考えられますか。

対　策	相続登記の義務化は、令和６年４月１日から開始されます（令和３年法律24号による不動産登記法改正。以下、改正について同じです。）。この義務化は、相続開始がこの改正法の施行日前に開始した相続についても同様に義務化されます。 なお、相続人間で遺産分割協議などが調わない場合には、新たに設けられた「相続人申告登記」をすることによって相続登記の申請義務を履行したものとされます。 その後、遺産分割が成立した場合には、その内容を踏まえた登記申請をすることも義務化されています。 そのため、遺言書で不動産は誰に相続させるのか明らかにしておけば相続登記は１回で完結します。

解　説

相続（特定財産承継遺言を含みます。）又は遺贈により不動産を取得した相続人に対し、自己のために相続の開始があったことを知り、かつ、その所有権を取得したことを知った日から３年以内に相続登記の申請をすることを義務付けることとしました（不登76の２）。

この場合、「正当な理由」がないのに登記申請義務に違反した場合には、10万円以下の過料に処せられます。また、相続人が遺言で財産を譲り受けた場合も同様に３年以内に所有権の移転の登記をしないと「正当な理由」がない場合には10万円以下の過料に処せられます（不登164）。

さらに、遺産分割が成立した場合には、その内容を踏まえた登記申請をすることも義務化されました。

定められた期間内に登記申請をしない場合の「正当な理由」がある例として、①数次相続が発生して相続人が極めて多数に上り、戸籍謄本等の必要な資料の収集や他の相続人の把握に多くの時間を要するケース、②遺言の有効性や遺産の範囲等が争われているケース、③申請義務を負う相続人自身に重病等の事情があるケース、などが考えられます。

また、過料を科す際の具体的な手続についても、事前に義務の履行を催告することとしています。

この改正は、相続登記の義務化についての改正法が施行される前に開始した相続についても、遡及して適用されますので、注意が必要です（令３法24改正不登附則５⑥）。

一方、相続人が申請義務を簡易に履行することができるようにする観点から、新たな登記（「相続人申告登記」）を設けることとしました。

この制度では、所有権の登記名義人について相続が開始した旨と、自らがその相続人である旨を申請義務の履行期間内（３年以内）に登記官に対して申し出ることで、申請義務を履行したものとみなすこととしました。その際の添付書面としては、申出をする相続人自身が被相続人（所有権の登記名義人）の相続人であることが分かる戸籍謄本を提出することで足ります。申出を受けた登記官は、所要の審査をした上で、申出をした相続人の氏名・住所等を職権で登記に付記することとされました（不登76の３）。

このように、相続人が複数存在する場合でも、特定の相続人が単独で申出をすることを可能としました。このことによって、法定相続人の範囲及び法定相続分の割合の確定が不要となります。

以上の改正は、令和６年４月１日から施行されます。

さらに、個人のほか、法人などが住所変更した場合における住所変更登記についても義務化され、住所変更してから２年以内に登記しなければならないとされ、正当な理由がないのにその申請を怠った場合には５万円以下の過料に処せられます（不登76の５・164②）。

この改正は、令和８年４月１日から施行されます。

なお、建物の表題登記（所在や家屋番号、構造や床面積など）は既に義務化されており、新築した建物の所有権を取得した者は、その所有権の取得の日から１か月以内に、表題登記を申請しなければならないこととされています（不登47）。また、法律上は、表題登記の申請を怠ったときは、10万円以下の過料に処せられることになっています（不登164）。

相続登記の義務化は、未登記の建物については直接の対象とはしていません。あくまでも、権利部の登記の義務化です。しかし、建物の表題登記は以前から義務化されていることから、相続登記の義務化によって今まで過料に処せられなかった事例について、過料が科されることになるかもしれません。

5　信　託

【33】　遺言信託

障害を持つ子（二男）がいます。そのため、本人が自分の財産を管理することが困難です。そのため、長男に遺産を託して二男の面倒を見てもらいたいと思います。

この場合、遺産を長男の名義にすると長男が二男より先に死亡した場合、長男の相続人の財産となり、二男の面倒を見てもらえる保証がありません。

信託を活用すると確実に二男に財産を残し、長男に財産管理をしてもらえる制度があると聞きました。どのような制度ですか。留意点などがあれば教えてください。

対　策	父（委託者）が遺言で、二男（受益者）に残す財産を信託し、受託者を長男としておけば、長男が信託目的に従ってその財産の管理又は処分を行うことになります。 なお、信託銀行が行っている「遺言信託」は、「遺言についての相談から遺言書の作成、遺言書の保管、財産に関する遺言の執行」を行うという商品にすぎません。このような業務は、信託法にいう信託とは無関係ですから、混乱のないように注意する必要があります。

解　説

信託法は、信託の方法として、3つの方法を規定していますが、遺言による方法として、特定の者に対し財産の譲渡、担保権の設定その他の財産の処分をする旨並びに当該特定の者が、一定の目的に従い、財産の管理又は処分及びその他の当該目的の達成のために必要な行為をすべき旨の遺言をする方法を定めています（信託3二）。

遺言によって財産の処分が可能ですが、ポイントは、これにプラスして、受託者を指定して、その者に「一定の目的に従い財産の管理又は処分及びその他の当該目的の達成のために必要な行為をすべき者」を命じることが、遺言によってできることです。

遺言信託は、委託者、すなわち遺言者の遺言を通じて信託を設定する形態の信託で、遺言であり、委託者の単独行為によって行われる要式行為ですが、信託法上はその方式等の定めはありません。遺言信託は、当該遺言の効力の発生によってその効力を生ずることとされています。

なお、登記又は登録をしなければ権利の得喪及び変更を第三者に対抗することができない財産については、信託の登記又は登録をしなければ、当該財産が信託財産に属することを第三者に対抗することができません（信託14）。そのため、遺言執行者を定め速やかに手続を実行してもらうようにしておくことが望ましいと考えます。

【遺言信託の基本の仕組み】

①　遺言者　父

②　信託の内容

・委託者　父

・受託者　長男

・受益者　障害を持つ二男

・信託財産　収益不動産

父が死亡した場合、遺言によって、収益不動産（受益債権）は二男が相続します。収益不動産の名義は、受託者である長男になり、長男が信託目的に従ってその財産の管理又は処分を行うこととなります。

【34】 遺言代用信託

事業承継の予定者である長男に、事業に必要な不動産や自社株を確実に相続させたいと考えています。生前贈与による方法も検討しましたが、逆縁になって長男が先に死亡した場合には、二男を後継予定者と考えていますので、贈与を実行することができません。

このような場合、どのような方法が考えられますか。

対　策	生前に自己（委託者）を当初受益者とする信託を設定し、不動産や自社株を信託財産とします。長男を委託者死亡後の受益者としておけば、指定された長男が信託財産を取得することができます。 長男が先に死亡した場合には、死亡後の受益者を二男に変更することで対応できます。 なお、長男が取得する不動産について、一定の要件を満たす場合には、小規模宅地等の特例の適用を受けることができます。 なお、信託財産以外の財産については、遺産分割協議が必要となるため、遺言書を残しておくことも重要です。

解　説

遺言代用信託とは、自己の死亡時における財産の処分を遺言によって行う代わりに、生前に自己（委託者）を当初受益者とする信託を設定し、信託契約上、委託者の死亡時において当然に委託者が受益権を失い、信託契約上指定された者が受益権を取得する旨を定めることなどによって、遺言と同様の目的を相続手続の外で実現しようとするものです（信託90）。

例えば、委託者が受託者に財産を信託して、委託者自身を自己生存中の受益者とし、自己の子・配偶者などを「死亡後受益者」（委託者の死亡を始期として受益権又は信託利益の給付を受ける権利を取得する受益者）とすることによって、自己の死亡後における財産分配を信託によって達成することができます。

なお、信託財産は遺言代用信託によって指定された受益者に受益権が移転しますが、信託財産以外の財産については遺産分割協議が必要となります。そのため、信託財産以外の財産については遺言書を残しておくことが肝要です。

この遺言代用信託を活用すると、以下のようなメリットが期待されます。

① いわゆる「放蕩息子」の浪費を防止することを目的に、信託財産である賃貸不動産の受託者を第三者とし、息子には賃料収入を定期的に渡す。また、受益権の譲渡を禁止する旨を信託に定めておく。

② 行方不明の者がいる場合や、心身障害者のいるときも、受託者を第三者に委ねて、受益者のための財産管理に活用できる。

③ 事業承継予定者へ事業の用に供している土地を確実に相続させることができる。この場合、小規模宅地等の特例の適用を受けることもできる。

【35】 後継ぎ遺贈型受益者連続信託

私たち夫婦には、子がいません。そのため、遺産の大半は妻に相続させようと考えています。しかし、私の所有する不動産は、先祖から相続したもので、妻が死亡したら私の血縁に当たる弟の子（甥）に承継させたいと思います。

遺言書にどのように書けばよいでしょうか。

対　策	遺言書で、不動産を妻に相続させることはできても、妻が死亡した後にその不動産を甥に譲与することまでは拘束できないという説が通説となっています。 そのため、後継ぎ遺贈型受益者連続信託によって、当初受益者は委託者自らが受益者となり、委託者の死亡により妻が次の受益者に、妻が死亡後は甥が受益者となる信託としておきます。このことで願いを確実に実現することが期待されます。

解　説

「後継ぎ遺贈型受益者連続信託」とは、例えば、委託者Ａが自己の生存中は自らが受益者となり、Ａの死亡によりＢ（例えばＡの再婚した妻）が次の受益者となり、さらに、Ｂの死亡によりＣ（例えばＡの実子）がその次の受益者となるというように、受益者の死亡により他の者が新たに受益権を取得する旨の定めのある信託をいいます。生存配偶者等の生活保障や個人企業における後継者確保の有効手段としてのニーズに対応したものと考えられます。受益者が胎児である場合や最初に生まれた子を次の受益者とするなど、信託設定時に存在しない者を連続受益者の一人とすることもできます。

ただし、これについては、財の固定化防止及び相続法理等も考慮して、当該信託がされたときから30年を経過した時以後において、現に存する受益者が当該定めにより受益権を取得し、かつ、その受益者が死亡し又は当該受益権が消滅するまでの間に限って、その効力を有することとされました（信託91）。

この制限の範囲内であれば、受益者の死亡を契機とする受益権の承継の回数に信託法上の制限はないことになります。

同様のことを、民法の遺言（遺贈）で実現することは困難です。遺言では妻に財産を相続させることはできても、妻が死亡した後にその財産を先妻の子へ譲与することまでは拘束できないという説が通説となっているからです。

後継ぎ遺贈型受益者連続信託が活用される代表的な事例については、以下のようなものが予想されます。

①　妻との間に子のいない夫は、妻に財産を残したいが、妻の死亡後は、妻の親や兄弟にその財産を相続させるよりも、自分の兄弟に承継させたいと望むケース。

　後妻との間に子のいない夫は、後妻に財産を残したいが、後妻の死亡後は、後妻の親や兄弟、又は後妻が再婚するかもしれない将来の夫に相続させるよりも、自分と先妻との間の子に承継させたいと望むケース。

②　親が死亡したときは長男と二男が相続人である場合で、長男夫婦には子がなく、二男夫婦には子がいるときに、長男が主たる財産を相続すると長男死亡後は長男の妻が法定相続分の３／４を相続することになると、その後、長男の妻が死亡したらその妻の兄弟姉妹などへ財産が相続されることになるため、長男又は長男の妻が死亡した後は、二男や二男の子に相続させたいと望むケース。

③　居住用不動産が主たる財産である夫は、妻が生存中は、子との遺産分割のための不動産の売却を回避して、その不動産を妻の居住用として確保してやりたいが、妻の再婚の可能性等を考慮し、妻の死亡後は、その不動産を確実に子に承継させたいと望むケース。

④　株式会社を経営する父親は、長男に事業を承継させたいが、長男の死亡後は、経営手腕から判断して、長男の子（孫）よりもむしろ二男に事業を承継させたいと願い、その会社の過半数の株式を長男から二男へと承継させたいと望むケース。

6　相続人不存在・行方不明の場合への対応

【36】 相続人のうちに行方不明者や生死が明らかでない者がいる場合

私は生涯未婚で子がいません。そのため、相続人は兄弟姉妹となりますが、長期にわたり音信不通となっている相続人がいます。

私が死んだら、弟の子（甲）に全ての財産を相続させたいと考えていますが、遺言書を残しておけばその願いを実現することができますか。

対　策	兄弟姉妹には遺留分が認められていませんので、遺言書どおり甲に財産を相続させることができます。その場合、遺言執行者を定めておくことや、遺言執行者の権限の委任内容について留意した内容の遺言にしておくことが肝要です。

解　説

行方不明者や連絡が取れない人が推定相続人にいる場合は、行方不明者以外の推定相続人に、財産を相続させる旨の遺言書を作っておけば、相続が開始したら遺言書によって、不動産の名義変更や預貯金の相続手続ができます。

なお、遺言書には、遺言執行者を指定し、貸金庫の開扉及びその内容物の受領権限、預貯金の解約・払戻し・名義変更をする権限があることを明記しておくようにします。

相続人のうちに行方不明者や連絡が取れない人がいて、遺言書がなかった場合の手続は、以下のようになります。

①　行方不明の期間が７年未満の場合

相続人と音信不通となって行方不明の期間が７年未満であれば、家庭裁判所で「不在者財産管理人」の選任の申立てをします。

不在者財産管理人は、主に財産を保存する権限を有していますが、遺産分割協議をしたり、不在者の財産を処分する行為は、財産管理人の権限を超えていますので、このような行為が必要な場合は、別に家庭裁判所で「権限外行為許可」という手続が必要となります。

② 不在者の生死が7年間明らかでない場合

不在者（従来の住所又は居所を去り、容易に戻る見込みのない者）につき、その生死が7年間明らかでないとき（普通失踪）、又は戦争、船舶の沈没、震災などの死亡の原因となる危難に遭遇しその危難が去った後その生死が1年間明らかでないとき（危難失踪）は、家庭裁判所は、申立てにより、失踪宣告をすることができます（民30）。

失踪宣告とは、生死不明の者に対して、法律上死亡したものとみなす（民31）効果を生じさせる制度です。

7年間の起算点は、不在者の生存が認められた最後の時点であり、その翌日から起算して満7年間が失踪期間となります。

なお、死亡したものとみなされた人の死亡擬制の時点が、被相続人の相続より前の場合には、子又は兄弟姉妹の場合、代襲相続の問題となります。

【37】 相続人不存在の場合

私の唯一の相続人であった弟が他界しました。次に私が亡くなると相続人は誰もいないことになります。その場合、私の遺産はどのように処理されるのでしょうか。

生前身の回りの世話をしてくれている人は、遺言書がないと財産を取得することはできないのでしょうか。

対　策	遺言書を残しておけば、遺言によって受遺者に遺産を取得させることができます。この場合、全ての財産について遺言がしてあれば相続人不存在に該当しないので、可能な限り全ての財産について遺言しておくことが必要です。

解　説

相続人の存在、不存在が明らかでないとき（相続人全員が相続放棄をして、結果として相続する者がいなくなった場合も含まれます。）には、家庭裁判所は、利害関係人又は検察官の申立てにより、相続財産の清算人を選任します。

相続財産清算人は、被相続人の債権者等に対して被相続人の債務を支払うなどして清算を行い、清算後残った財産を国庫に帰属させることになります。

なお、特別縁故者（被相続人と特別の縁故のあった者）に対する相続財産分与がなされる場合もあります。

相続財産清算人の選任申立ては、被相続人の最後の住所地の家庭裁判所に、利害関係人（受遺者（包括・特定）、被相続人の債権者又は債務者、相続財産上の担保権者、特別縁故者など）又は検察官が行うこととされています。

相続人不存在の場合の民法951条（相続財産法人の成立）の規定は、相続財産の帰属すべき者が明らかでない場合におけるその管理、清算等の方法を定めたものです。包括受遺者は、相続人と同一の権利義務を有し（民990）、遺言者の死亡の時から原則として被相続人の財産に属した一切の権利義務を承継するものであって、相続財産全部の包括受遺者が存在するときには相続財産法人による諸手続を行わせる必要がないため、遺言者に相続人が存在しない場合でも相続財産全部の包括受遺者が存在する場合は、民法951条にいう「相続人のあることが明らかでないとき」に当たらないものと考えられます（最判平9・9・12民集51・8・3887）。

7　生命保険金受取人に関する対応

【38】　生命保険金の受取人を変更する場合

生命保険に加入し、公益法人等を生命保険金の受取人に指定しようと考えて、保険会社に契約の申込みをしましたが、二親等の血族以外の者を生命保険金の受取人にすることはできないと言われました。

生命保険金の受取人に指定しておけば、遺産分割協議を経ることなく、確実に公益法人等に生命保険金を残すことができるので、何とかならないかと思っていますが、良い方法はありますか。

対　策	あなたが保険契約者及び被保険者、死亡保険金受取人を、例えば子とする生命保険契約を成立させます。そして、その保険金受取人を遺言で変更するようにしておきます。 保険会社において、約款で特段の規定を設けていない場合には、遺言書で保険金受取人の変更をすることが可能となります。 生命保険の受取人を遺言書で変更したい場合には、主に以下の内容を遺言書に記載しておくようにします。 ①　生命保険契約の締結日 ②　生命保険会社名 ③　保険証券番号 ④　変更前の受取人の名前 ⑤　変更後の受取人の名前

解　説

民法では、遺言事項は法定事項であり、保険金受取人の変更は、民法上遺言事項として明記されていません。

しかし、保険法は、高齢化社会においては遺言の重要性が増すこと、及び生命保険がより有効に機能する必要性があることに鑑み、保険契約者の意思を尊重し保険契約者の多様なニーズに応えることができるようにするという趣旨から、遺言による保険金受取人の変更を認める規律を設けています（保険44）。なお、この規定については、保険法の施行日（平成22年４月１日）以後に締結された保険契約について適用するとされています（平22法56改正保険附則２）。

また、この規定は、任意規定とされ、保険会社は保険約款において、保険金受取人を一定の者の範囲に限定することができます。また、遺言によって保険金受取人を変更することはできないとする約定も有効です。

しかし、多くの保険会社では、約款などで特段の規定を設けていませんので、遺言で第三者（例えば、公益法人等や内縁の妻など）を死亡保険金の受取人に変更することができます。

遺言による保険金受取人の変更は、保険契約者が死亡した後に、保険契約者の相続人が保険会社に通知しなければ、保険金受取人の変更があったことを保険会社に対して主張することはできません。

なお、死亡保険契約について保険金受取人を変更する場合には、被保険者の同意が必要となります。そこで、例えば、公益法人等を死亡保険金の受取人とする方法として、まず、保険契約者と被保険者を甲、死亡保険金の受取人を甲の二親等の血族とする保険契約を締結します。そして、その死亡保険金の受取人を公益法人等へ遺言で変更するようにします。この方法によれば、保険契約者＝被保険者であることから、死亡保険金の受取人変更に当たり被保険者の同意（保険38・45）は不要で、通常は死亡保険金の受取人になれない公益法人を受取人とすることもできます。そうすれば、自身のお金を死亡後に公益の役に立てたいと願う場合にも応用することができます。

なお、遺言による保険金受取人の変更は、その遺言が効力を生じた後、保険契約者の相続人がその旨を保険会社に通知しなければ、これをもって保険会社に対抗することができない（保険44②）としています。保険契約者の相続人が複数いる場合でも、保険会社への通知は、相続人全員でする必要はなく、相続人の一人がすればよいとされています。また、遺言書の作成に当たって、遺言執行者を定めておけば、遺言執行者は相続人の代理人とみなされることから、保険会社に保険金受取人の変更を遺言執行者が通知するよう遺言書に明記しておけばよいでしょう。

【保険法】

（遺言による保険金受取人の変更）

第44条　保険金受取人の変更は、遺言によっても、することができる。

２　遺言による保険金受取人の変更は、その遺言が効力を生じた後、保険契約者の相続人がその旨を保険者に通知しなければ、これをもって保険者に対抗することができない。

なお、死亡退職金の受取人について、遺言で会社の規程と異なる者に変更することの可否については、死亡退職金の受取人は、会社の定めた退職給与規程等により決定されるのであって、本来の相続財産のように被相続人の遺言でその受取人を指定することはできないものと考えられます。生命保険金については、保険法で遺言による保険金受取人の変更について規定が設けられていますが、死亡退職金についてはそのような規定はありません。

8　税法上の特例適用の円滑化

（1）　配偶者の税額軽減

【39】　遺産の一部について遺贈があった場合

父が死亡し、相続人は母と長男の２人です。父の遺言書には、母に現預金の全てを相続させるとしていますが、その他の財産については記載がありません。

この場合、相続税の申告期限までに、現預金以外の財産について遺産分割協議が調わなかったときの相続税の申告はどのようにすればよいでしょうか。また、配偶者の税額軽減は未分割の財産については適用が受けられないと聞いていますが、一部分割されている場合には、どのようになりますか。

対　策	配偶者の税額軽減とは、被相続人の配偶者が遺産分割や遺贈により実際に取得した正味の遺産額が、次の金額のどちらか多い金額までは配偶者に相続税はかからないという制度です（なお、この制度の対象となる財産には、仮装又は隠蔽されていた財産は含まれません。）（相税19の２）。 ①　１億6000万円 ②　配偶者の法定相続分相当額 この配偶者の税額軽減は、配偶者が遺産分割などで実際に取得した財産を基に計算されることになっています。 したがって、相続税の申告期限までに分割されていない財産は、原則として配偶者の税額軽減の対象になりません。 そのため、遺言書で配偶者に対して遺贈してあれば、その財産については、分割された財産となります。その結果、その財産に係る部分について配偶者の税額軽減の適用を受けることができます。 その後、未分割財産について遺産分割協議が調い、既に確定した相続税額等に不足が生じた場合には修正申告を、当初申告の課税価格及び相続税額が過大となったときは更正の請求をすることができると規定され任意とされています（相税31・32）。

解　説

配偶者の税額軽減の規定は、原則として、相続税の申告期限までに分割されていない財産については適用されないこととなっています。

遺言書による特定遺贈は、遺言者の死亡時に遡ってその効力が生じます。そのため、特定遺贈の目的となった財産は、受遺者が受遺の意思表示をした場合には、相続開始と同時に受遺者に確定的に帰属し、未分割財産には該当しないこととなります。

また、配偶者が取得した死亡保険金は、相続又は遺贈により取得したものとみなされる財産でいわゆる未分割財産ではないので、配偶者に対する相続税額の軽減の規定を適用できます。

遺産が一部分割、一部未分割の場合の相続税の計算方式は、原則として「穴埋め方式」（後掲【コラム】参照）といわれているものによります（最判平５・５・28裁判集民169・99、東京高判平18・３・30税資256（順号10359）、東京地判平17・11・４税資255（順号10194）、平27・６・３裁決　裁事99・273）。

相続人に配偶者がいる場合に、遺産の一部が未分割であるときの配偶者の税額軽減額の計算については、納税者有利の原則に従って配偶者の税額軽減額を計算することができます。そのことを【設　例】で確認します。

【設　例】

1．　被相続人　父（令和５年３月死亡）

2．　相続人　母・長男

3．　被相続人の財産　現金２億円（母が遺言によって相続）・不動産３億円（未分割）・債務１億円（負担する者が決まっていない）

4．　遺産分割　相続税の申告期限後において、長男が不動産を相続し、債務については母が負担することとなった。

5．　一部未分割による期限内申告と、申告期限後に分割協議を成立させ申告をやり直す場合

（単位：万円）

	期限内申告（一部未分割）			分割協議成立後に申告をやり直す場合		
	母	長男	合計	母	長男	合計
分割済財産（現金）	20000	－	20000	20000	－	20000
未分割財産（不動産）	5000	25000	30000	－	30000	30000

債務	△5000	△5000	△10000	△10000	—	△10000
課税価格	20000	20000	40000	10000	30000	40000
基礎控除額	4200		4200	4200		4200
課税遺産総額	35800		35800	35800		35800
相続税の総額	10920		10920	10920		10920
算出相続税額	5460	5460	10920	2730	8190	10920
配偶者の税額軽減	△5460	—	△5460	△2730	—	△2730
納付税額	0	5460	5460	0	8190	8190

配偶者に対する相続税額の軽減は、相続税の申告書の提出期限までに分割されている財産に限って適用され、未分割財産に対応する税額は配偶者の税額軽減の対象になりません。

そのため、配偶者の税額軽減を受ける場合の課税価格の計算をするに当たって、分割財産と未分割財産があるときは、債務の金額は、納税者有利の原則に従い、まず、未分割財産の価額から控除し、控除しきれないときに分割財産の価額から控除することとされています。

なお、配偶者が代償分割により他の相続人に対して代償財産の引渡債務を負担する場合には、その債務の金額は、配偶者の税額軽減を受ける場合の課税価格の計算上、分割財産の価額から先に控除します。これは、代償分割に伴う債務は、遺産分割に伴う各人の取得財産の調整のために生じたものであるからです。

一部分割の場合の配偶者の税額軽減において、その後に、分割協議が調った場合の修正申告及び更正の請求については任意とされていることから、この【設　例】の場合には、修正申告をしないことが有利な選択となります。

【コラム】積上げ方式と穴埋め方式

相続税の課税価格の計算方法には、①積上げ方式と、②穴埋め方式があります。積上げ方式というのは、新たに出てきた財産をとりあえず法定相続分で分けたことにして、申告するというものです。兄弟２人で、後から4000万円の遺産が出てきたら、それぞれ2000万円ずつ相続したものして課税価格を決めようという方式です。

穴埋め方式は、仮に長男が先に1000万円を相続していたら、遺産は全体で5000万円であると考えます。この場合、法定相続分は各2500万円となります。しかし、長男は1000

万円を先に相続しているので、追加して相続する分は1500万円となります。残りの2500万円は弟が相続すると考えて、課税価格を決めるという方式です。

なお、一部未分割である場合の計算方法については、「穴埋め方式」により計算するのが相当である旨判示されています（東京地判昭62・10・26訟月34・７・1527、最判平５・５・28裁判集民169・99同旨）。

【裁判例】東京地裁昭和62年10月26日判決（訟月34・７・1527）

遺産の一部の分割がされ、残余が未分割である場合には、各共同相続人は、他の共同相続人に対し、遺産全体に対する自己の相続分に応じた価格相当分から、既に分割を受けた遺産の価格を控除した価格相当分についてその権利を主張することができるものと解される。

【40】 遺言書で全て配偶者に相続させるとしている場合

父が死亡し、相続人は母と長男及び長女の３人です。父の遺言書では全ての財産を母に相続させるとしています。相続税の課税価格は１億5000万円ほどで、配偶者の税額軽減の適用を受けると納付税額は生じません。それらのことから、長男及び長女は父の遺志を尊重し、遺留分の請求はしないつもりです。

しかし、母は、遺留分相当額は長男や長女に渡したいと言っています。

相続税の計算などで有利になるのであれば遺留分相当額を受け取ることも考えたいと思います。どうすればよいでしょうか

対　策	遺産の総額が１億6000万円以下の場合に、全ての財産を母に相続させるとする遺言書が残されていて、母が遺言書に従って全て財産を取得する場合には、配偶者の税額軽減の適用を受けることで、母は納付すべき税額はないことになります。 その後に、共同相続人である子などから遺留分侵害額の請求を受けて、母が遺留分相当額を支払った場合に、遺留分相当額の支払を受けた子などは、期限後申告（又は修正申告）をすることができると規定していて、申告をしなければならない義務はありません。 そのことによって、母の相続の際には、父から相続した財産の額は遺留分相当額だけ減少していることから、母が死亡したときの相続税が軽減されることになります。

解　説

遺言書で全ての財産を配偶者に相続させるとしている場合に、遺留分権利者の子などから遺留分侵害額の請求があり、遺留分相当額を子などへ配偶者が支払ったときの相続税の申告については、【設　例】で確認します。

【設　例】

1.　被相続人　父（令和５年３月死亡）

2.　相続人　母・長男・長女

3.　相続財産　現預金　１億円、その他の財産　5000万円

4.　遺言書　全ての財産を妻（母）に相続させる

5.　遺留分の請求

長男及び長女から遺留分侵害額の請求があり、母は、令和６年３月に、長男及び長女に対して遺留分相当額の1875万円を現金でそれぞれに支払った。

6.　相続税の申告

（単位：万円）

	期限内申告（遺言書どおり）			遺留分請求（修正申告）		
	母	長男	長女	母	長男	長女
現預金	10000	―	―	6250	1875	1875
その他の財産	5000	―	―	5000	―	―
課税価格	15000	―	―	11250	1875	1875
相続税の総額	1496			1496		
各人の算出税額	1496	―	―	1122	187	187
配偶者の税額軽減	△1496	―	―	△1122	―	―
納付税額	0	―	―	0	187	187

相続税の更正の請求は、相続税の課税価格及び相続税額が過大となったときは、その事由が生じたことを知った日の翌日から４か月以内に限り更正の請求をすることができる（相税32①）としています。

そのため、母の課税価格は過大ですが、相続税額は０円のままとなっていることから、更正の請求をすることができません。

一方、長男及び長女は、遺留分侵害額の請求に基づき金銭を取得し、既に確定した相続税額に不足を生じることになるため、修正申告書を提出することができます（相税31①）。

税務署長は、更正の請求に基づき更正をした場合において、その請求をした被相続人から相続又は遺贈により財産を取得した他の者について、修正申告が行われない場合には、当該他の者に係る課税価格及び相続税額の更正をする（相税35③）としています。

しかし、母は更正の請求をすることができないため、長男及び長女は修正申告が義務ではなく、何らの手続も不要で、かつ、税務署長も更正処分をすることができません。

（２）　小規模宅地等の特例

【41】　小規模宅地等の対象宅地等がある場合

父が死亡し、相続人は事業承継者の長男と専業主婦の長女の２人です。父は、長男のために事業に不可欠な土地について遺言書を残していましたが、アパートやその他の財産について遺言書に記載がありません。

相続税の申告期限までに遺言書に指定のない財産について、遺産分割協議が調わなかった場合、長男が遺言によって取得する宅地について小規模宅地等の特例の適用はどのようになるのでしょうか。

対　策	アパートの敷地は、貸付事業用宅地等に該当し、未分割である場合には、その敷地は相続人の共有状態にあります。小規模宅地等の特例は、特例対象宅地等を相続した相続人等の全員の選択同意が要件の一つとされています。 そのため、長男が相続した宅地から小規模宅地等の特例の適用を受けようとする場合には、長女の選択同意が不可欠です。 そのため、遺言書で小規模宅地等の対象宅地等については、全て長男に相続させるとしておけば他の相続人の協力は不要となります。 この特例は、配偶者の税額軽減と並んで、相続税の申告において最も多く利用されている特例といえます。そのため、特例の適用要件を遺言書などで満たすような対策を実行しておくことが大切です。

解　　説

小規模宅地等の特例は、個人が、相続や遺贈によって取得した財産のうち、その相続開始の直前において被相続人又は被相続人と生計を一にしていた被相続人の親族の事業の用又は居住の用に供されていた宅地等のうち一定のもの（この特例の対象となる全ての宅地等を「特例対象宅地等」といいます。）がある場合には、その宅地等のうち一定の面積（特定居住用宅地等は330m^2、特定事業用等宅地等は400m^2、貸付事業用宅地等は200m^2）までの部分については、相続税の課税価格に算入すべき価額の計算上、一定の割合を減額（特定居住用宅地等及び特定事業用等宅地等は80％、貸付事業用宅地等は50%）することができます（租特69の４①～③）。

遺言書による特定遺贈財産は、受遺者が受遺の意思表示をした場合には、相続開始と同時に受遺者に確定的に帰属することから、遺言書どおり相続する場合には、他に未分割財産である特例対象宅地等があるときには、期限内申告において共同相続人全員の選択同意が必要となります。

そのため、相続税の申告期限後において未分割財産である特例対象宅地等について、遺産分割協議が調ったとしても、遺贈によって取得した宅地等については「更正の請求」によってもこの特例の適用を受けることはできません。

小規模宅地等の特例は、適用を受けようとする宅地等が、原則として、相続税の申告期限までに分割されていることが要件とされています。そのため、特例対象宅地等の全てについて、遺言書で特定の相続人に対して「相続させる」と記載しておくことがポイントです。

「相続させる」旨の遺言においては、「何らの行為を要せずして、被相続人の死亡の時に直ちに当該遺産が当該相続人に相続により承継されるものと解すべき」（最判平３・４・19民集45・４・477）との解釈が定着しています。そのため、遺産争いが生じて、遺言書に記載のない特例対象宅地等がある場合には、その宅地等は共同相続人全員による共有状態にあることから、小規模宅地等の特例の選択に当たっては、遺言書で取得した相続人等を含め、共同相続人全員の同意が必要とされます（東京地判平28・７・22税資266（順号12889）、租特令40の２⑤三。なお、前記東京地判以外にも、徳島地判平15・10・31税資253において、選択同意書の添付がなかったケースで、選択の同意をしない相続人の取得した特例対象宅地等の面積を除外した残面積について、特例の適用を受けることができる旨を主張しましたが認められませんでした。）。

なお、特例対象宅地等を相続した相続人等の全員の同意が得られない場合に、相続させるとしている宅地等についてその相続人が遺贈の放棄を行い、特例対象宅地等の全てを未分割の状態に戻し、「申告期限後３年以内の分割見込書」を添付した上で、申告期限までに分割されなかった財産について申告期限から３年以内に分割されたときは、小規模宅地等の特例の適用を受けることができます（租特69の４④）。

しかし、遺贈の放棄をした者がその後の遺産分割協議において、その宅地等を相続することができるとは限らないことに留意しておかなければなりません。

【設　例】

1.　被相続人　父（令和５年３月死亡）

2.　相続人　長男（事業承継者）・長女

3.　父の財産

①　特定事業用宅地等（400m²）　1億円（遺言書で長男に相続させるとしている。）

②　貸付事業用宅地等（200m²）　500万円

③　その他の財産　3500万円

4.　遺産分割

①　令和5年12月に分割協議が調い、長男が特定事業用宅地等を、長女が貸付事業用宅地等とその他の財産を相続し、特定事業用宅地等から小規模宅地等の特例を選択することに同意があった場合

②　長男は遺言書に従って特定事業用宅地等を相続したが、相続税の申告期限までに小規模宅地等の特例の選択について同意が得られず、令和6年4月、遺言書で指定のない財産は長女が相続することになったが、長女が相続した貸付事業用宅地等から小規模宅地等の特例の選択同意は得られなかった。

5.　相続税の計算

（単位：万円）

	4. ①（分割・選択同意あり）		4. ②（未分割・選択同意なし）（※）	
	長男	長女	長男	長女
特定事業用宅地等	10000	－	10000	－
貸付事業用宅地等	－	500	－	500
小規模宅地等の特例	△8000	－	－	－
その他の財産	－	3500	－	3500
課税価格	2000	4000	10000	4000
相続税の総額	180		1560	
各人の算出税額	60	120	1114	446

※この設例の場合、長男は特定事業用宅地等について「更正の請求」によっても小規模宅地等の特例の適用を受けることができない。しかし、貸付事業用宅地等については、分割協議が調った後に、長男の同意があれば長女はこの特例の適用を受けることができる。

【参　考】上記東京地裁判決の概要（選択同意についての判決）

1.　被相続人　母（平成22年2月27日死亡）

2.　相続人　長男（母と同一生計）・長女・二女・三女

3.　主な相続財産

①　東京都北区　土地1278.21㎡（長男の診療所として利用・母の持分457／1000）

②　同上　建物（母の持分457／1000）

③　川口市　土地533㎡（共同住宅の敷地・母の持分１／５）

④　同上　共同住宅２棟

4.　遺言書の内容

東京都北区の土地建物を長男へ相続させる。

5.　相続税の申告

長男は、東京都北区の土地建物については、遺言書により取得し、特定事業用宅地等の特例を選択して相続税の期限内申告を行った。しかし、申告期限において分割された財産は東京都北区の土地建物のみであり、川口市の土地建物は未分割で、小規模宅地等の特例の適用に当たって、共同相続人全員の同意は得られていない。

【相続財産の内訳】

財産の内訳	相続税評価額	てん末
東京都北区土地	１億6143万円	遺言書で長男が相続
東京都北区建物	77万円	同上
川口市土地建物等	2982万円	未分割財産
相続時精算課税適用財産	２億2949万円	受贈者・長男
債務等差額	△517万円	未分割財産
課税価格	４億1634万円	－

6.　小石川税務署による課税処分

未分割財産である川口市の土地は、共同相続人の共有に属していると認められる。小規模宅地等の特例の適用は、特例対象宅地等の全てを相続した全員の選択同意書の添付が必要であり、本件は適用要件を欠くことから小規模宅地等の特例の適用を受けることはできない。

7.　東京地裁の判断

川口市の土地は未分割財産であり、共同相続人の共有に属している。川口市の土地は特例対象宅地等（貸付事業用宅地等）に該当することから、全ての相続人の選択同意書を相続税の申告書に添付して行わなければならないので、本件特例の適用を受けることはできない。

※控訴審の東京高裁平成29年１月26日判決（税資267（順号12970））でも同様の判決となっている。

【42】 遺留分侵害額請求があった場合の対応

父が死亡し、遺言書によって長男が事業用宅地を取得することになりました。父の遺産には、この事業用宅地以外に小規模宅地等に該当するものはありません。

しかし、共同相続人である二男から遺留分侵害額の請求があり、その事業用宅地を譲渡して二男に遺留分相当額を支払うことを予定しています。

留意すべき点などがあれば教えてください。

対　策	小規模宅地等の特例は、遺留分の請求があっても遺贈によって取得したことになることから、期限内申告によって小規模宅地等の特例の適用を受けることができます。 なお、相続税の申告期限までその宅地等を保有していることが要件の一つとされていますので、その事業用宅地を譲渡する場合には、相続税の申告期限後にすることが必要です。

解　説

遺贈は、一般的には、遺言者の死亡の時からその効力を生じ、受遺者が取得することになり、特定遺贈の目的となった財産は未分割財産には該当しないことになります。

遺留分侵害額請求権を行使するか否かは、遺留分権利者の権限によるものであることから、遺留分の侵害があった場合でも、その権利を行使し、確定するまでの間は、遺言書に基づく遺贈は、その遺言書が有効であり、かつ、受遺者が受遺の意思表示をしたときには、遺贈は有効に成立していることになります。その場合、遺贈の効力は遺言者の死亡の日に遡及して生じることになります。

遺留分侵害額請求が他の相続人から提訴された場合であっても、遺贈財産は受遺者のものと判断され、小規模宅地等の特例の適用については、原則として、期限内申告が要件とされていることから期限内申告をする必要があります。

【43】 特定居住用宅地等の相続

父が死亡し、相続人は父と別生計の長男と、父と同居し生計を一にする長女の２人です。

父の財産は、居住用不動産と現預金です。父の居住用不動産は誰が相続すれば相続税は軽減されますか。

このような場合、遺言書を残しておくならば居住用不動産は誰に相続させるとしておけばよいですか。

対　策	父の居住用不動産は、生計を一にする長女が相続すると、特定居住用宅地等として小規模宅地等の特例の適用を受けることができます。 父が遺言書で、居住用不動産と、相続税の納税資金の確保のために一定の現預金を長女に相続させるとしておくことがよいと考えます。

解　説

個人が、相続や遺贈によって取得した財産のうち、その相続開始の直前において被相続人又は被相続人と生計を一にしていた被相続人の親族の居住の用に供されていた宅地等で、330m²までの部分については、相続税の課税価格に算入すべき価額の計算上、80％減額されます（租特69の４）。

この特例の適用対象者は、被相続人の配偶者、同居親族、家なき子に該当する親族、被相続人と生計を一にしていた親族に該当する者となっています。

また、配偶者が取得する場合を除き、相続開始前から相続税の申告期限まで引き続きその家屋に居住（家なき子は除きます。）し、かつ、その宅地等を相続税の申告期限まで有していることが要件とされています。

そのため、誰が相続するかによってこの特例の適用の可否が異なります。

【設　例】

1．被相続人　父（令和５年３月死亡）

2．相続人　長男（父と別生計）・長女（父と同居）

3．相続財産

　①　父の居住用不動産（宅地330m²・4000万円、家屋1000万円）

　②　その他の財産　１億5000万円

4.　遺言書による分割

父は、居住用不動産とその他の財産のうち5000万円を長女に、その他の財産のうち1億円を長男に相続させるとした遺言書を残していた。

5.　相続税の計算

（単位：万円）

	遺言書どおり		【参考】法定相続分による相続	
	長男	長女	長男	長女
居住用不動産	―	5000	2500	2500
小規模宅地等の特例	―	△3200	―	△1600
その他の財産	10000	5000	7500	7500
課税価格	10000	6800	10000	8400
相続税の総額	2380		2860	
各人の算出税額	1417	963	1554	1306

この【設　例】の場合、父と同居していた長女が居住用不動産を相続すると特定居住用宅地等として小規模宅地等の特例の適用を受けることができます。しかし、長男が法定相続分を相続するとこの特例の適用を受けることができないため、共同相続人全員の相続税の負担が重くなります。

【44】 特定同族会社事業用宅地等の相続

父が死亡し、相続人は長男と二男の２人です。父は会社経営者でその会社は製造業を営んでいます。長男はその会社の役員ですが、二男はその会社経営に関わっていません。

父の相続財産に、その会社が賃借している不動産がありますが、誰が相続すると相続税が最も軽減されますか。

対　策	長男がその不動産を相続すると、特定同族会社事業用宅地等として400m²までの部分について80％の減額を受けることができます。一方、二男がその不動産を相続すると貸付事業用宅地等として200m²までの部分について50％の減額を受けることができます（租特69の４）。 そのことから、長男が相続することが相続税を最も軽減することになります。 そのため、父は、長男がその不動産を相続することができるよう遺言書で相続させるとしておくことが望ましいと考えます。

解　説

特定同族会社事業用宅地等とは、相続開始の直前から相続税の申告期限まで一定の法人の事業（不動産貸付業、駐車場業、自転車駐車場業及び準事業を除きます。）の用に供されていた宅地等で、次の表に掲げる要件の全てに該当する被相続人の親族が相続又は遺贈により取得したものをいいます。

＜特定同族会社事業用宅地等の要件＞

区　分	特例の適用要件	
一定の法人（※）の事業の用に供されていた宅地等	法人役員要件	相続税の申告期限においてその法人の役員（清算人を除きます。）であること。
	保有継続要件	その宅地等を相続税の申告期限まで有していること。

※一定の法人とは、相続開始の直前において被相続人及び被相続人の親族等が法人の発行済株式の総数又は出資の総額の50％超を有している場合におけるその法人（相続税の申告期限において清算中の法人を除きます。）をいいます。

特定同族会社事業用宅地等の適用要件には、被相続人と相続人との生計一要件はなく、相続税の申告期限においてその法人の役員であること及び相続税の申告期限まで保有していることが要件とされています。そのため、被相続人の事業（不動産貸付業、駐車場業、自転車駐車場業及び準事業を除きます。）を生前に承継する場合には、個人事業を法人化しておくと、被相続人の事業後継者に生計一要件がなくなるので、小規模宅地等としての適用要件が緩和されます。

【設　例】

1.　被相続人　父（令和５年３月死亡）

2.　相続人

長男・二男。２人は父とは生計を別にしている。なお、長男はＡ社役員で、二男はＡ社の役員ではない。

3.　相続財産と遺産分割

（単位：万円）

	分割案１		分割案２	
	長男	二男	長男	二男
建物（Ａ社へ賃貸）	1000	－	－	1000
土地（同上の建物の敷地：400m²）	4000	－	－	4000
Ａ社株式（100％保有）	10000	－	10000	－
その他の財産	－	15000	5000	10000

4.　相続税の計算

（単位：万円）

	分割案１		分割案２	
	長男	二男	長男	二男
建物（Ａ社へ賃貸）	1000	－	－	1000
土地（同上の建物の敷地）	4000	－	－	4000
小規模宅地等の特例	（※１）△3200	－	－	（※２）△1000
Ａ社株式	10000	－	10000	－
その他の財産	－	15000	5000	10000

課税価格	11800	15000	15000	14000
相続税の総額	5640		6520	
各人の算出税額	2483	3157	3372	3148

（※１）　4000万円×80％＝3200万円

（※２）　4000万円÷$400m^2$×$200m^2$×50％＝1000万円

分割案１では、Ａ社へ賃貸している土地を長男が相続していることから、「特定同族会社事業用宅地等」として、$400m^2$までの部分について80％の減額を受けることができます。

一方、分割案２では、二男はＡ社の役員ではないことから特定同族会社事業用宅地等の特例の適用要件を満たさないので、「貸付事業用宅地等」としての小規模宅地等の特例の選択になります。その場合、限度面積は$200m^2$まで、減額割合は50％となります。

この【設　例】のように、Ａ社へ賃貸している土地については、相続する者が誰かによって、「特定同族会社事業用宅地等」に該当する場合と、「貸付事業用宅地等」に該当する場合とに分かれます。

【45】 使用貸借の土地の相続

父の土地について、権利金や地代を支払うことなく長男が借り受けて、長男が自宅を新築し、父と長男家族が同居しています。このような土地貸借でも課税上の問題は生じませんか。

相続人は、長男と二男の２人です。このような場合に、父が死亡した場合に、長男が全ての財産を相続できるよう父は遺言書を残すこととしています。

しかし、二男から遺留分侵害額の請求があった場合に、小規模宅地等の特例の適用を受けることはできますか。

対　策	個人間の土地貸借において、権利金や地代の支払がない場合でも課税関係は生じません。また、遺留分侵害額の請求があっても、長男が相続する場合には、相続税の申告期限まで居住要件や保有要件など一定の要件を満たす場合には、小規模宅地等の特例の適用を受けることができます。 しかし、遺留分侵害額の請求に対して金銭の支払が必要とされますので、その資金の準備が欠かせません。

解　説

親子間で土地を貸借する場合、使用貸借による事例が多いと思います。例えば、親の土地に長男が自宅を建ててその土地を利用する場合には、権利金の支払や相当の地代の支払がないときでも、土地貸借が使用貸借であれば、贈与税などの課税関係は生じません。

そのような場合、相続開始の直前において、親と長男が生計一であれば特定居住用宅地等としての小規模宅地等の特例の適用を受けることもできます。

そのため、遺言書で長男にその宅地等を相続させるとしておくことが肝要です。

ただし、他の共同相続人から遺留分侵害額の請求を受けて遺留分相当額の金銭を支払うことになる可能性もありますので、その資金の準備も怠りなく進めておくことが必要です。

【コラム】遺留分侵害額の請求に伴い取得した宅地に係る小規模宅地等の特例の適用の可否（令和元年７月１日以後に開始した相続）（国税庁　質疑応答事例）

【照会要旨】

被相続人甲（令和元年８月１日相続開始）の相続人は、長男乙と長女丙の２名です。乙は甲の遺産のうちＡ宅地（特定居住用宅地等）及びＢ宅地（特定事業用宅地等）を遺贈により取得し、相続税の申告に当たってこれらの宅地について小規模宅地等の特例を適用して期限内に申告しました（小規模宅地等の特例の適用要件はすべて満たしています。）。

その後、丙から遺留分侵害額の請求がなされ、家庭裁判所の調停の結果、乙は丙に対し遺留分侵害額に相当する金銭を支払うこととなりましたが、乙はこれに代えてＢ宅地の所有権を丙に移転させました（移転は相続税の申告期限後に行われました。）。

丙は修正申告の際にＢ宅地について小規模宅地等の特例の適用を受けることができますか。

【回答要旨】

民法及び家事事件手続法の一部を改正する法律（平成30年法律第72号）による改正により、令和元年７月１日以後に開始した相続から適用される民法第1046条《遺留分侵害額の請求》に規定する遺留分侵害額の請求においては、改正前の遺留分減殺請求権の行使によって当然に物権的効力が生じるとされていた（遺贈又は過去の贈与の効力が消滅し、遺贈又は贈与をされていた財産に関する権利が請求者に移転することとされていた）規定が見直され、遺留分に関する権利の行使によって遺留分侵害額に相当する金銭債権が生じることとされました。

照会の場合、遺留分侵害額の請求を受けて乙はＢ宅地の所有権を丙に移転していますが、これは、乙が遺留分侵害額に相当する金銭を支払うために丙に対し遺贈により取得したＢ宅地を譲渡（代物弁済）したものと考えられ、丙はＢ宅地を相続又は遺贈により取得したわけではありませんので、小規模宅地等の特例の適用を受けることはできません。なお、丙は、遺留分侵害額に相当する金銭を取得したものとして、相続税の修正申告をすることになります。

(注)乙がＢ宅地を遺贈により取得した事実に異動は生じず、また、乙がＢ宅地を保有しなくなったのは相続税の申告期限後であることから、遺留分侵害額の請求を受けてＢ宅地の所有権を丙に移転させたとしても、乙はＢ宅地についての小規模宅地等の特例の適用を受けることができなくなるということはありません。なお、乙は、遺留分侵害額の請求に基づき支払うべき金銭の額が確定したことにより、これが生じたことを知った日の翌日から４月以内に、更正の請求をすることができます。

（３）居住用不動産の譲渡

【46】 相続した居住用不動産の譲渡をする場合

母が死亡しました。相続人は母と同居している長男と別生計の長女の２人です。母の財産は相続税の課税価格以下なので、どのように遺産分割しても相続税は課されないと聞いています。

そのため、全ての財産を法定相続分によって相続しようと考えていて、母から相続した居住用不動産は譲渡する予定です。

遺産分割について、有利な選択が可能であれば教えてください。

対　策	相続税の課税価格が基礎控除額以下の場合、共同相続人間でどのように遺産分割を行っても、相続税の申告と納税は必要ありません。しかし、相続した財産を譲渡する場合の税負担の軽減を考慮したときの遺産分割の工夫は必要となります。 母の居住用不動産を同居している長男が相続し、その居住用不動産の譲渡代金の一部を長女に代償金として支払う方法によれば、譲渡所得税が軽減されます。 そのため、母は生前に遺言書で同居している長男に居住用不動産を相続させるとしておくことが望ましいと考えます。

解　説

居住用不動産を売却して譲渡所得が生じた場合、譲渡所得から3000万円まで控除ができます。つまり、譲渡所得が3000万円以内であれば課税されません（租特35）。

居住していた者が譲渡することが、この要件の一つとされているため、相続によって取得した後にその不動産に一度も住むことなく譲渡すると居住用財産の譲渡所得の特例の適用を受けることができません。

そのため、相続税の課税価格が基礎控除額以下であっても、その居住用財産を相続人が取得した後に譲渡することを予定している場合には、被相続人と同居している相続人が取得するとこの特例の適用を受けることができます。

【設　例】

1．被相続人　母（令和５年３月死亡）

2．相続人　長男・長女

3．相続財産　土地及び建物（相続税評価額4000万円・時価6000万円）

4．その他

① この不動産には、長男家族が平成20年から母と居住していた。

② 相続した後に、土地及び建物を第三者に譲渡する予定。

③ 土地及び建物の取得費は1000万円で、母の所有及び居住期間は10年超

5．分割案

＜分割案１＞　土地及び建物を、長男及び長女で法定相続分（２分の１）どおり相続する。

＜分割案２＞　土地及び建物はいずれも長男が相続し、長女に代償金2800万円を支払う。

6．効果の判定

① 相続税

相続税は、＜分割案１＞及び＜分割案２＞のいずれの方法によっても、課税価格が4000万円で、相続税の基礎控除額4200万円以下のため課税されない。

② 譲渡税

相続した土地及び建物を6000万円で譲渡した場合の譲渡税

＜分割案１＞

（単位：万円）

	譲渡収入	取得費	特別控除	課税長期譲渡所得	譲渡税
長男	3000	500	3000	0	0
長女	3000	500	—	2500	（注）508
合計	6000	1000	3000	2500	508

長女は、相続後に、土地及び建物に一度も居住することなく譲渡しているので、居住用財産の3000万円の特別控除の適用を受けることができない。

（注）2500万円×20.315％≒508万円（所得税・住民税の合計税額）

＜分割案２＞

（単位：万円）

	譲渡収入	取得費	特別控除	課税長期譲渡所得	譲渡税
長男	6000	1000	3000	2000	（注）284

長男は、相続による所有期間の引継ぎにより所有期間10年超の居住用財産を譲渡したことになり、3000万円の特別控除と軽減税率の両方の特例の適用を受けることができる。
（注）　2000万円×14.21％≒284万円（所得税・住民税の合計税額）

＜税引き後の手許現金の状況＞

（単位：万円）

	分割案１	分割案２
長男	3000	2916
長女	2492	（注）2800
合計	5492	5716

（注）　分割案２では、長女は長男から代償財産として2800万円を受け取っている。

【47】　被相続人の居住用財産（空き家）にかかる譲渡所得の特別控除の特例

父が令和５年３月に死亡しました。父の遺言書で、父が一人住まいであった居住用不動産（建物は昭和50年に新築されたもの）を含む全ての財産を長男へ相続させるとしてありました。

しかし、二男から遺留分侵害額の請求があり、長男は、父の居住用不動産の建物を取り壊して譲渡（8000万円）し、その代金から１／４を支払うことで合意しました。

この場合、譲渡所得の特別控除について、長男及び二男の２人は適用を受けることができますか。

対　策	長男は、譲渡代金の全部について、譲渡収入としてこの特例を適用できますが、二男が取得する金銭は相続により取得したものであって、譲渡収入には当たらないことから、この特例は適用できません。 そのため、遺言書で父の居住用不動産について、長男に３／４、二男に１／４をそれぞれ相続させるとしておく、又は長男が遺贈の放棄をして、遺産分割協議によって居住用不動産は長男が３／４、二男が１／４相続することになれば、２人についてこの特例の適用を受けることができます。

解　説

１　被相続人の居住用財産（空き家）にかかる譲渡所得の特別控除の特例の概要

相続又は遺贈により取得した被相続人居住用家屋又は被相続人居住用家屋の敷地等を、平成28年４月１日から令和５年12月31日までの間に売って、一定の要件に当てはまるときは、譲渡所得の金額から最高3000万円まで控除することができます（租特35）。

なお、被相続人居住用家屋とは、相続の開始の直前において被相続人の居住の用に供されていた家屋で、次の３つの要件全てに当てはまるものをいいます。

①　昭和56年５月31日以前に建築されたこと。

②　区分所有建物登記がされている建物でないこと。

③　相続の開始の直前において被相続人以外に居住をしていた人がいなかったこと。

この特例の適用を受けるためには、売却代金が１億円以下であること（譲渡益が3000万円を超える場合には、複数の相続人が相続すれば１人当たり3000万円の特別控除の適用を受けることができます。)、相続の開始があった日から３年を経過する日の属する年の12月31日までに譲渡することなどの要件があります。

そのため、遺産分割協議が調わないまま、相続の開始があった日から３年を経過するとこの特例の適用を受けることができなくなりますので、遺言書で特定の相続人に相続させるとしておくことが無難な対応と考えられます。

なお、令和５年度税制改正において、次の措置を講じた上、この特例の適用期限を令和９年12月31日まで延長することとされました。

①　被相続人居住用家屋が、売買契約等に基づき、買主が譲渡の日の属する年の翌年２月15日までの間に次に掲げる場合に該当することとなったときは、本特例を適用することができることとする。

　㋐　耐震基準に適合することとなった場合

　㋑　その全部の取壊し若しくは除却がされ、又はその全部が滅失をした場合

②　相続又は遺贈による被相続人居住用家屋及び被相続人居住用家屋の敷地等の取得をした相続人の数が３人以上である場合における特別控除額を2000万円とする。

（注）　上記の改正は、令和６年１月１日以後に行う被相続人居住用家屋又は被相続人居住用家屋の敷地等の譲渡について適用することとしています。

２　昭和56年５月31日以前に建築されたこと

この特例は、相続により生じた空き家であって、昭和56年５月31日以前の旧耐震基準の下で建築されたものに関し、相続人が必要な耐震改修又は除却を行った上で、家屋又は土地を売却した場合の譲渡所得について特別控除を認めることとして創設されたものです。

登記事項証明書で特例の対象となる被相続人居住用財産であることについての証明ができない場合には、例えば、①確認済証（昭和56年５月31日以前に交付されたもの)、②検査済証（当該検査済証に記載された確認済証交付年月日が昭和56年５月31日以前であるもの)、③建築に関する請負契約書などにより、その家屋が昭和56年５月31日以前に建築されたことを明らかにする書類を確定申告書に添付することにより、特例の適用を受けることができる旨が定められています（租特通35－26(２))。

以上のことから、登記事項証明書によると「昭和56年６月１日新築」となっていても、昭和56年５月31日以前にその建築工事に着手したことが書面等により明らかにされるものも含まれると考えられます。

３　本事例の課税関係

本事例の課税関係を整理すると、下記のとおりとなります。

【本事例の課税関係】

（１）　父（令和５年３月死亡）

（２）　相続人　長男・二男

（３）　相続財産　父の居住用財産（父が一人住まい、建物昭和50年築）・その他

（４）　遺言書　全ての財産を長男に相続させる

①　遺言書どおり相続する

②　長男は遺贈の放棄をし、遺産分割協議により、長男はその他の財産と居住用不動産３／４、二男は居住用不動産１／４を相続する

（５）　遺留分の請求　二男へ2000万円を支払う

（６）　居住用不動産の譲渡　8000万円（取得費不明・譲渡費用ないものと仮定）

（７）　譲渡所得税の計算

（単位：万円）

	遺言書どおり		遺贈の放棄による遺産分割協議	
	長男	二男	長男	二男
譲渡収入金額	8000	−	6000	2000
概算取得費（５％）	△400	−	△300	△100
課税長期譲渡所得金額	7600	−	5700	1900
特別控除額	△3000	−	△3000	△1900
譲渡所得税	934	−	549	0
税引後の金額	7066	−	5451	2000
遺留分額	△2000	2000	−	−
手残り額	5066	2000	5451	2000

（４）　国外転出（相続）時課税

【48】　相続人のうちに非居住者がいる場合

父の主な財産は、有価証券で２億円ほど保有しています。相続人は、長男と長女の２人です。長女は外国人と結婚し、現在ハワイで家族と一緒に住んでいます。

父が死亡し、４か月以内に有価証券の分割協議が調わなかった場合には、長女の法定相続分に応じた有価証券を、父が譲渡したものとみなして、その含み益に対して父に所得税が課されると聞きました。

このような事態になることを避けるために、どのような対応策が考えられますか。

対　策	父が国内に居住する長男に有価証券を相続させるとする遺言書を残しておけば、国外転出時課税は行われません。長女には、長男がその後に有価証券を譲渡して代償金を支払うなどの方法が考えられます。

解　　説

相続人のうち非居住者がいる相続も珍しくありません。この場合に、被相続人が１億円以上の有価証券等を所有していて、遺言書が残されていなくて準確定申告書の提出期限までに遺産が未分割であるときは、国外転出（相続）時課税の申告（被相続人の準確定申告）をする必要が生じます。相続財産である有価証券等が１億円以上であるか否かは、相続開始の時に被相続人が所有していた有価証券等及びその他この制度の対象となる資産の合計額をもって判断することとされています（所基通60の３－２）。

例えば、国外転出（相続）時課税の申告期限までに遺産分割が確定していない場合には、民法の規定による相続分の割合に従って非居住者である相続人等に有価証券等の移転があったものとされ、その有価証券等を被相続人が譲渡したものとみなして、その含み益に対して被相続人に所得税が課されます。

そのため、相続開始があったことを知った日の翌日から４か月以内に、被相続人の準確定申告及び納税をする必要があります。なお、この譲渡所得等に係る納税猶予の適用を受けようとする場合には、国外転出時課税制度に係る有価証券等を取得した非居住者が、担保を提供し、国外転出（相続）時課税の申告期限までに納税管理人の届出をするなど一定の手続を行った場合には、相続人等は国外転出時課税の適用により納付することになった所得税について、相続開始の日から５年を経過した日又は帰国等に該当することとなった日のいずれか早い日の翌日以後４か月を経過する日まで納税が猶予される制度があります（所税137の３②）。

その後、遺産が分割され、非居住者である相続人等に移転した有価証券等に増減が生じた結果、準確定申告書において計算した譲渡所得等の金額に変動が生じた場合には、修正申告又は更正の請求（遺産分割の確定から４か月以内）を行うことになります（所税151の６・153の５）。

しかし、遺言書によって国内に居住する相続人等に対して、その有価証券等の全部を相続又は遺贈しておけば、国外転出（相続）時課税を回避することができます。

（５）　相続税額の取得費加算の特例

【49】　相続税の申告期限から３年以内に相続した土地を譲渡することができない場合

父が死亡しました。相続人は長男と二男の２人です。父の相続財産は、ほとんどが不動産であることから、一部の不動産を譲渡することを予定しています。この場合、相続税額の一部を取得費に加算することができる特例があると聞きました。

しかし、相続開始後２年を経過していますが、家庭裁判所で調停を進めており、いまだ遺産分割協議が調いません。このようにやむを得ない事情があれば、この特例の適用期限を延長することはできますか。

父は生前どのような対応をしておけばよかったのでしょうか。

対　策	配偶者の税額軽減や小規模宅地等の特例の適用については、相続開始後３年を経過しても遺産分割協議が調わなかった場合、やむを得ない事情があるものとして税務署長の承認を受けることができれば、適用期限の延長が認められます。 しかし、相続税額の取得費加算の特例には適用期限の延長に関する規定は設けられていません。 そのため、父は生前に遺言書で、長男及び二男に特定遺贈によってそれぞれに相続させるとしておくことが必要です。

解　説

相続又は遺贈により取得した土地、建物、株式などの財産を、一定期間内に譲渡した場合に、相続税額のうち一定金額を譲渡資産の取得費に加算することができます（租特39）。

この特例の適用を受けるためには、以下の要件を満たす必要があります。

①　相続や遺贈により財産を取得した者であること。

②　その財産を取得した人に相続税が課税されていること。

③　その財産を、相続開始のあった日の翌日から相続税の申告期限の翌日以後３年を経過する日までに譲渡していること。

取得費に加算する相続税額は、次の算式で計算した金額となります。ただし、その金額がこの特例を適用しないで計算した譲渡益（土地、建物、株式などを売った金額から取得費、譲渡費用を差し引いて計算します。）の金額を超える場合は、その譲渡益相当額となります（租特令25の16①）。

なお、譲渡した財産ごとに計算します。

【算　式】

$$\text{その者の相続税額} \times \frac{\text{［その者の相続税の課税価格の計算の基礎とされたその譲渡した財産の価額］}}{\text{［その者の相続税の課税価格］} + \text{［その者の債務控除額］}} = \text{取得費に加算する相続税額}$$

そのため、遺産分割協議が調わないまま、相続税の申告期限の翌日から３年を経過するとこの特例の適用を受けることができなくなります。そのため、遺言書で相続人に相続させるとしておくことがよいと考えます。

（６）　金庫株

【50】　相続した株式をその発行会社へ譲渡する場合

会社経営者であった父が死亡しました。相続人は長男と長女の２人です。会社の後継者である長男は、父から遺言書によって自社株を相続しました。

長男は多額の相続税の納税資金の確保のために、相続した自社株の一部を発行会社へ譲渡することを考えています。

この場合、会社法の規定や課税関係はどのようになりますか。

対　策	後継者が相続した株式を、その会社へ譲渡して相続税の納税資金を確保する方法もありますので、そのことを事前に検証しておくことも必要です。 会社法では、長男が相続した株式をその発行会社へ譲渡する場合には、他の株主からの売主追加請求権の規定は適用されないとされています。 また、一定の期間内に譲渡された自社株に対する課税は、譲渡所得として分離課税とされ、相続税額の取得費加算の特例の適用を受けることができます。

解　説

１　会社法の規定

会社が自社の発行した株式を取得することを、「自己株式の取得」といいます。会社が特定の株主から自己株式を買い取る場合、株主総会の特別決議（当該株主総会において議決権を行使することができる株主の議決権の過半数を有する株主が出席し、出席した株主の議決権の３分の２以上にわたる多数をもって行う決議）が必要になります（会社156①・160①・309②）。

この株主総会では、原則として、会社から株式を買い取ってもらう株主は議決権を行使できません（会社160④）。そのため、他の株主の賛成が得られないと、会社に買い取ってもらうことは困難となることがあります。

また、売主以外の他の株主は、会社に対し、自分も売主に加えることを請求することができます（会社160②③）。しかし、株式会社が株主の相続人から相続により取得した当該株式を取得する場合には、この売主追加請求権の規定は適用されません（会社162）。

なお、①株式会社が公開会社である場合や、②当該相続人が株主総会等で当該株式を株式会社が自己取得することに関して議決権を行使している場合には、原則どおり、売主追加請求権の規定の適用があります（会社162ただし書）ので、注意が必要です。

自己株式を取得して対価を交付することは会社財産の払戻しであることから、原則として、財源規制が設けられていて（会社461）、取得の際に株主に交付する金銭等は、分配可能額を超えることはできません。

そこで、先代経営者を被保険者とし、会社を契約者、かつ死亡保険金受取人として、生命保険契約を締結しておき、先代経営者が死亡した場合には、その死亡保険金を原資として、会社は相続人から自己株式を取得するという対策を実行している会社も少なくありません。

また、保険料が一部損金に算入される生命保険では、法人税の課税の繰延べ効果があり、かつ、自社株の相続税評価額の引下げ効果も期待できることから、このような生命保険に加入するのも検討に値するのではないかと考えます。

２　譲渡課税の特例

個人が株式をその発行会社に譲渡して、発行会社から対価として金銭その他の資産の交付を受けた場合、その交付を受けた金銭の額及び金銭以外の資産の価額の合計額がその発行会社の資本金等の額のうち、譲渡株式に対応する部分の金額を超えるときは、その超える部分の金額は配当所得とみなされて所得税が課税されます（所税25）。

しかし、相続又は遺贈により財産を取得して相続税を課税された人が、相続の開始があった日の翌日から相続税の申告書の提出期限の翌日以後３年を経過する日までの間に、相続税の課税の対象となった非上場株式をその発行会社に譲渡した場合においては、その人が株式の譲渡の対価として発行会社から交付を受けた金銭の額が、その発行会社の資本金等の額のうちその譲渡株式に対応する部分の金額を超えるときであっても、その超える部分の金額は配当所得とはみなされず、発行会社から交付を受ける金銭の全額が株式の譲渡所得に係る収入金額とされます（租特９の７）。

したがって、この場合には、発行会社から交付を受ける金銭の全額が非上場株式の譲渡所得に係る収入金額となり、その収入金額から譲渡した非上場株式の取得費及び譲渡に要した費用を控除して計算した譲渡所得金額の15.315％に相当する金額の所得税（このほか５％の住民税）が課税されます（租特37の10）。

なお、適用に当たっては、その非上場株式を発行会社に譲渡する時までに「相続財産に係る非上場株式をその発行会社に譲渡した場合のみなし配当課税の特例に関する届出書」を、発行会社を経由して、発行会社の本店又は主たる事務所の所在地の所轄税務署長に提出することが必要です（租特令５の２、租特規18の18）。

以上のことから、遺言書で当該株式を相続人が相続できるよう残しておくことが肝要です。

（７）相続人でない孫への遺贈

【51】 相続人でない孫へ遺贈する場合

父が死亡しました。相続人は母と長男と長女の３人です。父は、長男の子（Ａ）に対して遺言書で一定の財産を遺贈するとしていました。また、Ａは、父が死亡する前３年以内に父から財産の贈与を受け贈与税を納税しています。このような場合、相続税の課税はどのようになるのでしょうか。

また、父の生前対策としてＡへの遺贈以外の方法が何かありますか。

対　策	相続人でない孫への遺贈は、孫だけでなく他の共同相続人の相続税を重くする可能性があります。そのことを理解して遺贈するか否か検討しておかなければなりません。 相続税の負担を軽減するためには、孫へは生前贈与で対応すべきと考えます。 なお、遺言書以外で、孫へ一定の遺産を残す方法として生命保険金の受取人に指定しておくことも選択肢の一つですが、この場合には、孫が受け取った死亡保険金について非課税規定の適用を受けることができないなど不利益を受けることもありますので、生命保険金の受取人についても注意が必要です。

解　説

相続人でない孫が遺言書によって遺産を取得した場合には、相続税が課されることになります。その場合、孫は、配偶者及び一親等の血族でないことから相続税額の２割加算の対象者に該当（孫が代襲相続人である場合を除きます。）します（相税18）。さらに、被相続人から相続開始前３年以内（※令和５年度税制改正において、相続又は遺贈によって財産を取得した者がその被相続人から相続開始前７年以内に贈与を受けていた場合には、その贈与を受けたときの価額が相続財産に加算されることとされました。この改正は、令和６年１月１日以後の贈与から経過措置を設けて適用されます。）に贈与を受けていた場合には、生前贈与加算の対象となり（相税19）、他の共同相続人の相続税の負担も重くなります。

孫に対する愛情を重視し、孫に遺言で遺産を遺贈する旨指定しておけば確実に孫に一定の財産を残すことができますが、相続税の負担はかなり重くなると思われることから、それらの不利益になる点についても事前に確認しておかなければなりません。

【設　例】

1.　被相続人　父（令和５年３月死亡）

2.　相続人　母・長男（子Ａがいる）・長女の３人

3.　生前贈与　父は、以下のような贈与を行っていた。

（単位：万円）

受贈者	令和２年５月		令和３年10月		令和４年３月	
	贈与金額	贈与税	贈与金額	贈与税	贈与金額	贈与税
長男	300	19	300	19	300	19
長女	300	19	300	19	300	19
長男の子Ａ	300	19	200	9	300	19

4.　父の相続財産（生前贈与財産を除く）と遺産分割

①　不動産　5000万円（長男が相続）

②　現預金　１億円（母が相続）

③　上場株式　5000万円（長女が相続）

④　その他の財産　1500万円（長男の子Ａへ遺贈）

5.　相続税の計算

（単位：万円）

	母	長男	長女	長男の子Ａ
不動産	－	5000	－	－
現預金	10000	－	－	－
上場株式	－	－	5000	－
その他の財産	－	－	－	1500
生前贈与加算	－	900	900	（注１）800
課税価格	10000	5900	5900	2300
相続税の総額	3725			
各人の算出税額	1546	912	912	355

相続税額の２割加算				（注２）71
配偶者の税額軽減	△1546	—	—	—
贈与税額控除	—	△57	△57	△47
納付税額	0	855	855	379
合計税額	2089			

（注１）　Ａは、その他の財産を遺贈によって取得したことから、父から３年以内に受けた贈与財産800万円は生前贈与加算の対象となる。

（注２）　Ａは、配偶者又は一親等の血族に該当しないことから、相続税額の２割加算の対象者となる。

【参　考】Ａへの遺贈がなくその他の財産を長男が相続した場合

＜相続税の計算＞

（単位：万円）

	母	長男	長女	長男の子Ａ
不動産	—	5000	—	—
現預金	10000	—	—	—
上場株式	—	—	5000	—
その他の財産	—	1500	—	—
生前贈与加算	—	900	900	（注）—
課税価格	10000	7400	5900	—
相続税の総額	3525			
各人の算出税額	1513	1120	893	—
配偶者の税額軽減	△1513	—	—	—
贈与税額控除	—	△57	△57	—
納付税額	0	1063	836	—
合計税額	1899			

（注）　Ａは父から相続又は遺贈により財産を取得していないことから、相続開始前３年以内の贈与について生前贈与加算の対象とはならない。

なお、保険料負担者が被相続人で、相続人でない孫が生命保険金の受取人となっていた場合や、生命保険契約の契約者であるときには、その生命保険金や生命保険契約に関する権利は、孫が「みなし遺贈」によって取得したものとされることから、孫は生命保険金の非課税規定の適用を受けることができない、相続税額の２割加算の対象者となる、相続開始前３年（改正後は７年）以内の贈与について生前贈与加算が行われるなど、相続税の課税上の不利益を被る可能性もあります。

	生命保険金	生命保険契約に関する権利	
		ケース1	ケース2
保険契約者	祖父	祖父	孫
保険料負担者	祖父	祖父	祖父
被保険者	祖父	子	孫
保険金受取人	孫	祖父	祖父
財産の区分	みなし相続財産	本来の財産	みなし相続財産
手　続	孫が受取人として保険金を請求する	遺産分割協議によって相続人が相続する	孫が保険契約を取得する

（８）　停止条件付遺贈

【52】　停止条件付の遺贈があった場合

父が死亡しました。父は遺言書を残していて、長男の子に遺産を遺贈するとしています。しかし、その遺贈は、長男の子が大学を卒業することを条件とするとしています。

この場合、相続税の申告期限までにその条件が成就しなかったときは相続税の申告はどのようにすればよいですか。

対　策	停止条件付の遺贈があった場合において当該条件の成就前に相続税の申告書を提出するときは、その遺贈の目的となった財産については、相続人が民法900条（法定相続分）から902条（遺言による相続分の指定）まで及び903条（特別受益者の相続分）の規定による相続分によって当該財産を取得したものとしてその課税価格を計算するものとされています（相基通11の２－８）。 なお、後日条件が成就し、遺贈を受けた者が遺贈の目的となった財産を取得した場合は、その取得後の取得遺産価額により相続税額の計算をやり直し、修正申告又は更正の請求をすることができるとしています（相税31①・32①、相税令８②三）。 遺言書を残すことで期待される効果は、遺贈を受ける者が相続税額の２割加算の対象者である場合には、停止条件の成就によって取得する財産について、その者の相続税の期限後申告が任意とされているため、結果として相続税額の２割加算の適用を受けることなく相続することが可能となる点などです。

解　説

停止条件付遺贈があった場合に、その停止条件が成就する前に相続税の申告書を提出する場合と、条件が成就した後に相続税の更正の請求及び修正（期限後）申告の取扱いについて【設　例】で確認します。

【設　例】

1.　被相続人　父（令和５年３月死亡）

2.　相続人　長男（60歳）・長男の妻（養子）

3.　相続財産

①　不動産　１億円

②　現預金　１億円

4.　遺言書

不動産については、長男の子（甲・20歳）に遺贈する。ただし、甲が大学を卒業することを条件とする。現預金は、長男に9000万円、長男の妻に1000万円相続させる。

5.　相続税の計算

（単位：万円）

	期限内申告		【参考】停止条件の成就による修正等		
	長男	長男の妻	長男	長男の妻	甲
不動産（注）	5000	5000	—	—	10000
現預金	9000	1000	9000	1000	—
課税価格	14000	6000	9000	1000	10000
相続税の総額	3340		3340		
各人の算出税額	2338	1002	1503	167	1670
２割加算額	—	—	—	—	334
納付税額	2338	1002	1503	167	2004

（注）　停止条件付遺贈の場合、停止条件が成就するまでは、相続人の相続分によって取得したものとみなして相続税を計算することとされている。

6.　停止条件の成就

甲は、令和７年に大学を卒業し、不動産を遺贈によって取得した。

7.　更正の請求及び修正申告

長男又は長男の妻は、更正の請求によって過大となった相続税の還付を受けることができる（相税32①）。しかし、この規定は、更正の請求をすることができるとされているので、更正の請求をしないとする選択もできる。また、甲も修正（期限後）申告をすることができるとされている（相税31①）。

税務署長は、更正の請求に基づき更正をした場合において、その請求をした被相続人から相続又は遺贈により財産を取得した他の者について、修正申告が行われない場合には、当該他の者に係る課税価格及び相続税額の更正をする（相税35③）としている。
しかし、長男又は長男の妻が更正の請求をしない場合には、甲は税務署長から更正決定を受けることはない（相税35③）。
その結果、甲は、配偶者及び一親等の血族でないことから、相続税額の２割加算の対象者だが、修正（期限後）申告は義務ではないことから、結果として２割加算の適用を受けることなく財産を相続することができる。

（9）　被相続人の債務

【53】　相続人のうちの一人に対して財産全部を相続させる旨の遺言がある場合

不動産賃貸業を営んでいた父が死亡し、母に全ての財産を相続させるとする遺言書が残されていました。相続人は母と長男の２人です。

父の準確定申告で、父の所得税の納税義務を長男は負うことになりますか。

また、父は所有する土地の有効活用で銀行からの借入金によってアパートを建築し、その借入金についても遺言書で母が負担することとしています。しかし、銀行から長男に法定相続分に相当する弁済を求められるかもしれませんので、遺留分侵害額の請求に当たっては法定相続分に見合う債務相当額を遺留分請求額に加算することはできますか。

対　策	全ての財産を特定の相続人に相続させるとする遺言書が残されていた場合には、裁判例などでは、父の準確定申告の納税義務は母が全て負うことになるとしています。しかし、その母が納税義務を履行する前に死亡した場合には、父の相続人である母の納税義務を母から長男が承継することになります。 また、遺留分請求額に債務を加算することはできないとする判例があります。

解　説

1　準確定申告による所得税の納税義務

（1）　遺言による相続分の指定と遺留分請求

国税通則法５条１項は、相続があった場合には、相続人は、その被相続人に課されるべき国税を納める義務を承継する旨を定め、同条２項は、その場合に、相続人が２人以上あるときは、各相続人が承継する国税の額は、同項の国税の額を民法900条から902条まで（法定相続分・代襲相続人の相続分・遺言による相続分の指定）の規定によるその相続分によりあん分して計算した額とする旨を定めています。

しかし、相続人のうちの一人に全ての財産を相続させるとする遺言は、他の相続人の相続分を零と定めるものと認められ、これは民法902条の遺言による相続分の指定に当たることから、当該他の相続人は、被相続人の所得税の納税義務はないものと考えられます。

なお、遺留分請求をし、その効果として一定の権利を取得したことがあっても、遺言でされた相続分の定めが修正されるものとは解し難いと考えられます（東京地判平25・10・18税資263（順号12313））。

（２）　父の遺言で子に相続する財産がなくても、父の準確定申告期限内に死亡した母が有する父の準確定申告の義務は母の法定相続分に応じた納付義務を承継する

父が死亡（一次相続）し、亡父の相続人である母が準確定申告期限内に死亡（二次相続）した場合に、父から子の相続分を零とする遺言が残されていても、その父の納税義務は父から承継したものではなく、母の死亡によって承継したものと考えられます。

そのため、母は父の準確定申告義務者であり、準確定申告期限内に母が死亡したことにより、子が母を相続することによって準確定申告義務者としての地位につくことが否定されることにはなり得ない（大阪地判平12・２・22税資246・779）と判示しています。

【国税通則法】

（相続による国税の納付義務の承継）

第５条　相続（包括遺贈を含む。以下同じ。）があつた場合には、相続人（包括受遺者を含む。以下同じ。）又は民法（明治29年法律第89号）第951条（相続財産法人の成立）の法人は、その被相続人（包括遺贈者を含む。以下同じ。）に課されるべき、又はその被相続人が納付し、若しくは徴収されるべき国税（その滞納処分費を含む。次章、第３章第１節（国税の納付）、第６章（附帯税）、第７章第１節（国税の更正、決定等の期間制限）、第７章の２（国税の調査）及び第11章（犯則事件の調査及び処分）を除き、以下同じ。）を納める義務を承継する。この場合において、相続人が限定承認をしたときは、その相続人は、相続によって得た財産の限度においてのみその国税を納付する責めに任ずる。

２　前項前段の場合において、相続人が２人以上あるときは、各相続人が同項前段の規定により承継する国税の額は、同項の国税の額を民法第900条から第902条まで（法定相続分・代襲相続人の相続分・遺言による相続分の指定）の規定によるその相続分により按（あん）分して計算した額とする。

３　〔略〕

２　借入金など

最高裁は、相続人のうちの一人に対して財産全部を相続させる旨の遺言により相続分の全部が当該相続人に指定された場合、遺言の趣旨等から、相続債務については当該相続人にすべてを相続させる意思のないことが明らかであるなどの特段の事情のない限り、当該相続人に相続債務もすべて相続させる旨の意思が表示されたものと解され、これにより、相続人間においては、当該相続人が指定相続分の割合に応じて相続債務をすべて承継することになると解するのが相当である、と判示しました。

この場合、遺留分の侵害額の算定においては、遺留分権利者の法定相続分に応じた相続債務の額を遺留分の額に加算することは許されず、遺留分権利者が相続債権者から相続債務について法定相続分に応じた履行を求められ、これに応じた場合も、履行した相続債務の額を遺留分の額に加算することはできず、相続債務をすべて承継した相続人に対して求償し得るにとどまるものであるとしています（最判平21・３・24民集63・３・427）。

(10)　土地を分割して相続

【54】　二方路線などの土地を分割して相続した場合

不動産賃貸業を営む父が死亡しました。相続人は長男及び長女の２人です。父の遺言書で、二方路線に面する青空駐車場の土地について１／２の共有によって相続させるとしてあります。この場合、その土地の相続税評価額はどのように評価されますか。

相続税の軽減が図れるのであれば、遺贈の放棄によって遺産分割協議による分割を考えたいと思います。

相続税の計算上の有利・不利があるのであれば教えてください。

対　策	遺言書が残されていて、遺言書どおり相続することが相続税を軽減することにならないこともあります。本事例のような場合、遺言書どおりの分割になると、その土地は１つの評価単位によって評価されます。そのため、二方路線影響加算の適用を受けることから、その土地の相続税評価額が高く評価されます。 そのため、遺贈の放棄によって遺産分割協議でその土地を２分割にして、長男と長女がそれぞれの土地を相続することとすれば、その土地の評価単位は２つとなり、相続税評価額が下がることが期待されます。

解　説

宅地の価額は、１筆単位で評価するのではなく、１画地の宅地（利用の単位となっている１区画の宅地をいいます。）ごとに評価します。

なお、相続、遺贈又は贈与により取得した宅地については、原則として、取得者が取得した宅地ごとに判定します。そのため、二方路線に面している宅地や角地の宅地などについては、分割方法によって相続税評価額が異なることになります。

遺言書どおり相続することで、その土地の相続税評価額が高く評価される場合には、遺贈の放棄をして遺産分割協議による方法も検討する必要があります。

その場合、相続税の軽減効果を【設　例】で検証します。

【設例１】二方路線の場合：正面と裏面の二方に道路がある場合

（分割案１）

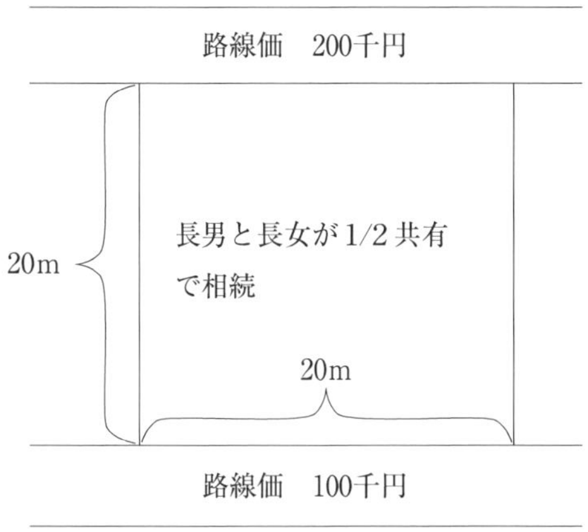

（分割案２）

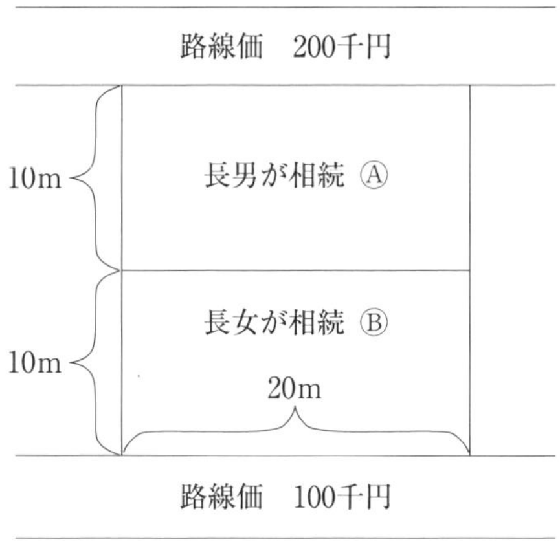

〈前提〉　普通住宅地区にある青空駐車場として利用している土地

被相続人　父（令和５年３月死亡）

父の財産　上記土地とその他の財産１億円

相続人　長男・長女

奥行価格補正率　20m：1.00　　10m：1.00

二方路線影響加算率　0.02

分割案１（共有による相続）	分割案２（２分割による相続）
・１m²当たりの価格の計算	
20万円×1.00＝20万円 20万円＋（10万円×1.00×0.02）＝20.2万円	Ⓐ20万円×1.00＝20万円 Ⓑ10万円×1.00＝10万円
・評価額の計算	
20.2万円×400m²＝8080万円	Ⓐ20万円×200m²＝4000万円 Ⓑ10万円×200m²＝2000万円 Ⓐ＋Ⓑ＝6000万円
・課税価格	
１億円＋8080万円＝１億8080万円	１億円＋6000万円＝１億6000万円
・相続税の総額　　2764万円（①）	・相続税の総額　　2140万円（②）
①－②＝624万円も税額が異なってくる。	

【設例２】角地の場合

1.　被相続人　母（令和５年３月死亡）

2.　相続人　長男・長女

3.　相続財産　角地にある青空駐車場（普通住宅地区に所在）400m²の宅地
側方路線影響加算率は、0.03、その他の補正はないものとする。

4.　遺産分割

分割案１　長男及び長女が１／２ずつ共有で相続する。

分割案２　東側（角地部分）200m²を長男が、西側（一方路線）200m²を長女が分割して相続する。

（分割案１）

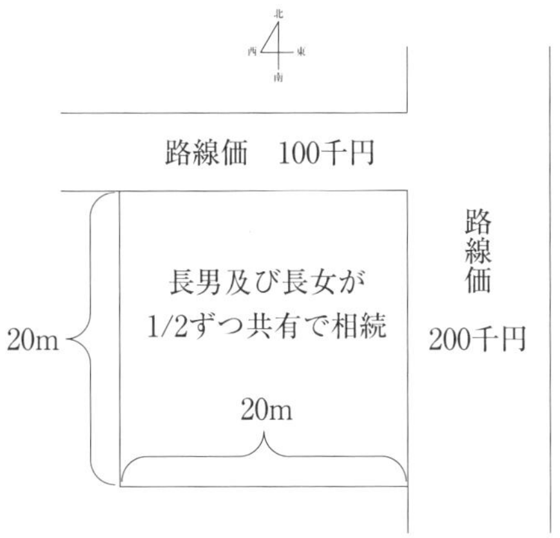

（分割案２）

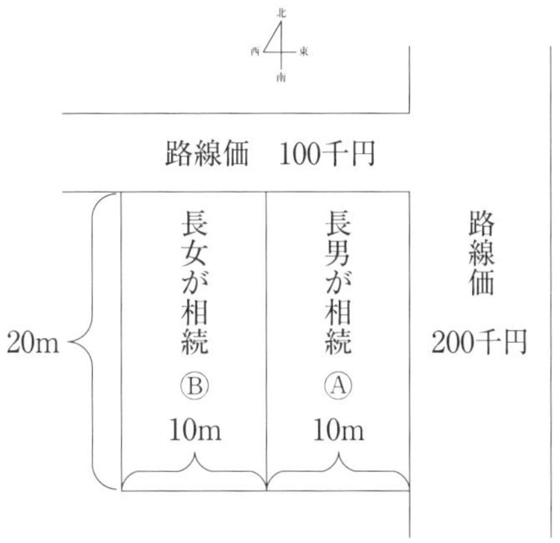

5.　土地の評価額

<table>
<tr><th>分割案１（共有による相続）</th><th>分割案２（２分割による相続）</th></tr>
<tr><td colspan="2">・１m²当たりの価格の計算</td></tr>
<tr><td>20万円×1.00＝20万円
20万円＋(10万円×1.00×0.03)＝20.3万円</td><td>Ⓐ20万円×1.00＝20万円
Ⓑ10万円×1.00＝10万円</td></tr>
<tr><td colspan="2">・評価額の計算</td></tr>
<tr><td>20.3万円×400m²＝8120万円</td><td>Ⓐ20万円×200m²＝4000万円
Ⓑ10万円×200m²＝2000万円
Ⓐ＋Ⓑ＝6000万円</td></tr>
<tr><td colspan="2">分割案２によれば、土地の相続税評価額が2120万円少なくなる。</td></tr>
</table>

(11)　地積規模の大きな宅地等

【55】　地積規模の大きな宅地の要件を充足する方法

父が所有する土地は三大都市圏に所在し、二方路線に面していて地積は1000㎡です。その土地は、中小工場地区（600㎡）と、普通住宅地区（400㎡）が混在し青空駐車場として利用しています。

相続人は、長男と長女の２人です。この場合、この土地を長男が１人で相続するか、長男と長女が分割して相続するかによって相続税の計算に大きな差異が生じると聞きましたが、なぜなのでしょうか。

対　策	「地積規模の大きな宅地の評価」の対象となる宅地は、路線価地域に所在するものについては、地積規模の大きな宅地のうち、「普通商業・併用住宅地区」及び「普通住宅地区」に所在するものとされ、本事例にあるような中小工場地区の混在する土地がある場合に、地積規模の大きな宅地に該当するか否かは、普通住宅地区の面積が過半であれば該当することになります。 そのため、長男が普通住宅地区の土地と中小工場地区の土地を分割して相続すると地積規模の大きな宅地に該当し、相続税が軽減されることが期待されます。 そのため、そのことを考慮した遺言書を父が残しておくことが賢明です。

解　説

地積規模の大きな宅地とは、三大都市圏においては500㎡以上の地積の宅地、三大都市圏以外の地域においては1000㎡以上の地積の宅地をいいます（評基通20－２）。

また、路線価地域に所在する場合、「地積規模の大きな宅地の評価」の対象となる宅地は、路線価に、奥行価格補正率や不整形地補正率などの各種画地補正率のほか、規模格差補正率を乗じて求めた価額に、その宅地の地積を乗じて計算した価額によって評価します。

【算　式】

評価額 ＝ 路線価 × 奥行価格補正率 × 不整形地補正率などの各種画地補正率 × 規模格差補正率 × 地積（m^2）

規模格差補正率は、次の算式により計算します（小数点以下第２位未満は切り捨てます。）。

【算　式】

$$\text{規模格差補正率} = \frac{Ⓐ \times Ⓑ + Ⓒ}{\text{地積規模の大きな宅地の地積（Ⓐ）}} \times 0.8$$

上記算式中の「Ⓑ」及び「Ⓒ」は、地積規模の大きな宅地の所在する地域に応じて、それぞれ次に掲げる表のとおりです。

①　三大都市圏に所在する宅地

地　積	普通商業・併用住宅地区、普通住宅地区	
	Ⓑ	Ⓒ
500m^2以上1000m^2未満	0.95	25
1000m^2以上3000m^2未満	0.90	75
3000m^2以上5000m^2未満	0.85	225
5000m^2以上	0.80	475

②　三大都市圏以外の地域に所在する宅地

地　積	普通商業・併用住宅地区、普通住宅地区	
	Ⓑ	Ⓒ
1000m^2以上3000m^2未満	0.90	100
3000m^2以上5000m^2未満	0.85	250
5000m^2以上	0.80	500

「地積規模の大きな宅地の評価」の対象となる宅地は、路線価地域に所在するものについては、地積規模の大きな宅地のうち、「普通商業・併用住宅地区」及び「普通住宅地区」に所在するものとなります（評基通20－２）。

そのため、評価対象となる宅地が中小工場地区などに所在すると「地積規模の大きな宅地の評価」を適用することができません。

また、指定容積率が400％（東京都の特別区においては300％）以上の地域に所在する宅地は除かれることとされています（評基通20－２(３)）。

地積規模の大きな宅地の地積は、土地の評価単位によって異なりますので、判定に留意しておかなければなりません。

中小工場地区と普通住宅地区が混在する土地を青空駐車場として利用していた場合の遺産分割について相続税の軽減効果を【設　例】で確認します。

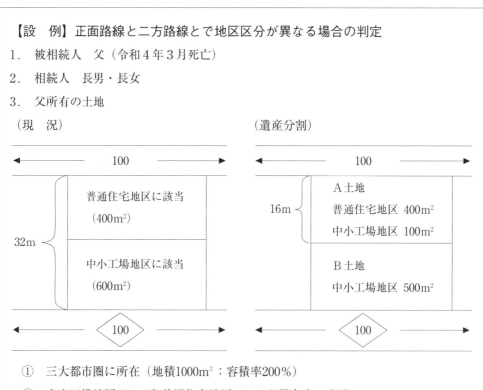

【設　例】正面路線と二方路線とで地区区分が異なる場合の判定

1．　被相続人　父（令和４年３月死亡）

2．　相続人　長男・長女

3．　父所有の土地

（現　況）　　　　　　　　　　　　（遺産分割）

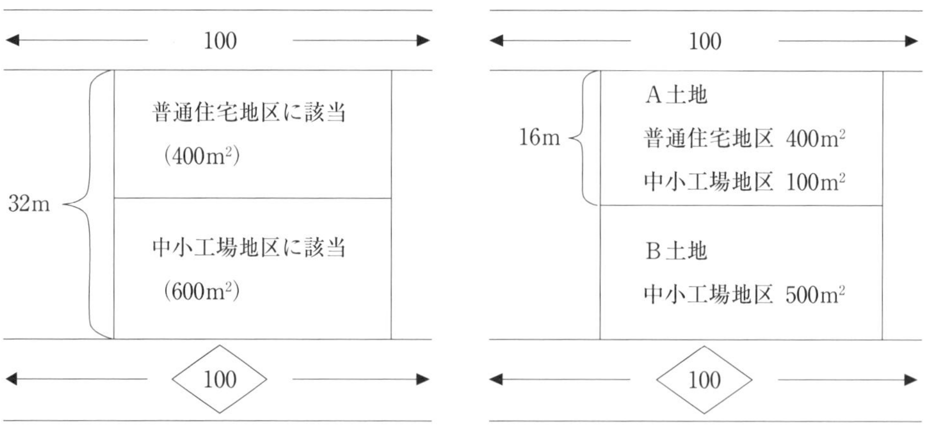

①　三大都市圏に所在（地積1000m^2：容積率200％）

②　中小工場地区600m^2と普通住宅地区400m^2が混在する土地

③　現況　青空駐車場

4．　遺産分割

①　長男が現況のまま相続する

②　長男がA土地を、長女がB土地を分割して相続する

5．土地の相続税評価額

（1）長男が現況のまま相続する場合

① 正面路線の判定

・普通住宅地区　100千円×0.93（奥行価格補正率）＝93千円

・中小工場地区　100千円×1.00（奥行価格補正率）＝100千円

∴　中小工場地区として判定

※奥行価格補正率は、普通住宅地区は、10m以上24m未満の場合は1.0、32m以上36m未満の場合は0.93、中小工場地区は、16m以上20m未満の場合は0.99、20m以上60m未満の場合は1.0とされている。

② 評価金額

（10万円＋10万円×1.0（中小工場地区の奥行価格補正率）×0.02（二方路線影響加算率））×1000m^2＝10200万円

※中小工場地区（正面路線の地区区分で判定）における二方路線影響加算率は「0.02」とされている。その他の補正はないものと仮定する。

（2）二分割して相続する場合

① Ａ土地

10万円×1.0（普通住宅地区の奥行価格補正率）×500m^2×0.8（※）＝4000万円

※規模格差補正率　（500m^2×0.95＋25）÷500m^2×0.8＝0.8

② Ｂ土地

10万円×0.99（中小工場地区の奥行価格補正率）×500m^2＝4950万円

③ ①＋②＝8950万円

※長男が現況のまま土地を相続すると、正面路線価は「中小工場地区」に該当し、地積規模の大きな宅地に該当しない。しかし、遺産分割によって宅地を二分割して、長男と長女がそれぞれ相続すると、宅地の評価単位は二つに区分して評価され、Ａ土地については、普通住宅地区と中小工場地区の混在する土地に該当するが、普通住宅地区の面積が過半となり、三大都市圏に所在し、面積が500m^{2}以上であることから、地積規模の大きな宅地の評価を適用することができる。

6．効果の確認

土地を分割して相続することによって、その宅地の評価額は10200万円－8950万円＝1250万円軽減される。

(12)　遺言と異なる遺産分割

【56】　遺言と異なる遺産分割をする場合

父が亡くなりました。相続人は母と長男です。父の遺言で全ての財産は長男に相続させるとしています。

しかし、相続税の負担を考慮すると、一定額母に相続してもらうことがよいと判断しました。その場合、長男は遺贈の放棄をしたいと考えますが、相続税の課税上不利益は生じませんか。

対　策	相続人に配偶者がいる場合には、配偶者が一定の財産を相続することによって相続税の納税額を少なくすることができます。そのため、遺言書で全ての財産を子に相続させるとしている場合には、子が遺贈の放棄をして遺産分割協議によるか、配偶者が遺留分侵害額の請求をするなどの方法によれば配偶者が一定の財産を相続することができます。 本事例の場合、長男は遺贈の放棄をしても相続人であることに変わりありません。遺贈の放棄があるとその遺贈財産は共同相続人間での遺産分割協議によって相続することになり、贈与税などの課税はされません。 父と母の通算相続税額を考慮して、遺産分割協議によって一定額を母が相続するようにすれば相続税額を軽減することにつながることがあります。

解　説

遺贈の放棄があっても、相続人が「受遺者」である場合は、たとえ「遺贈放棄」をしても、その後「相続人」の立場で、「相続財産」を取得することができます。

制度が全く別なので、相続人が「遺贈放棄」を行っても自動的に「相続放棄」が行われるわけではありません。しかし、相続人でない者が遺贈の放棄をすると被相続人から遺産を取得することができなくなります。

また、国税庁の質疑応答事例「遺言書の内容と異なる遺産の分割と贈与税」において、「相続人全員で遺言書の内容と異なる遺産の分割協議を行った場合、贈与税の課税関係については、相続人全員の協議で遺言書の内容と異なる遺産の分割をしたということは（仮に放棄の手続がされていなくても）、受遺者が遺贈を事実上放棄し（この場合、受遺者は相続人としての権利・義務は有しています。）、共同相続人間で遺産分割が行われたとみて差し支えありません」としています。

一方、遺言と同じ内容の遺産分割協議書を作成することで、仮に遺言書の内容が遺留分を侵害している場合、遺留分侵害額の請求を避けることができます。遺産分割協議書を作成すれば、遺産分割は確定し遺留分侵害額請求はできなくなります。

【設　例】

1.　被相続人　父（令和５年３月死亡）
2.　相続人　母・長男
3.　相続財産　現預金　２億円、その他の財産　１億円
4.　遺言書　全ての財産を長男に相続させる
5.　遺贈の放棄　長男は令和５年４月に遺贈の放棄をした
6.　遺産分割　母は現預金7500万円を、残余の財産は長男が取得した
7.　期限内申告と更正の請求等による相続税の計算

（単位：万円）

	期限内申告		【参考】遺言書どおり	
	母	長男	母	長男
現預金	7500	12500	—	20000
その他の財産	—	10000	—	10000
課税価格	7500	22500	—	30000
相続税の総額	6920		6920	
各人の算出税額	1730	5190	—	6920
配偶者の税額軽減	△1730	—	—	—
納付税額	0	5190	0	6920

この【設　例】では、長男が遺贈の放棄を行い、遺産分割協議によって母が一定の財産を取得したことから、配偶者の税額軽減を受けることができます。

一方、遺贈の放棄がなかった場合には、配偶者が遺留分侵害額の請求を行い、一定の財産を取得した場合には、配偶者の税額軽減の適用を受けることができるようになります。

(13)　未成年の子や障害者である子などへの遺贈

【57】　未成年の子や障害者である子などが遺産を取得する場合

私の相続人は、妻と未成年の子と障害のある子の３人です。遺言書で妻に遺産の３／４と、未成年の子に遺産の１／４を相続させ、代わりに妻に障害のある子の面倒をみてもらうこととしています。

このような遺言書を残しておくことが相続税法上問題はありませんか。

対　策	未成年者控除や障害者控除は、相続や遺贈で財産を取得することが要件の一つとされているため、障害者控除の適用を受けるためには、障害のある子に１円でも相続させるように遺言しておくことが必要です。

解　説

１　未成年の子への遺贈

相続人が未成年者のときは、相続税の額から、その未成年者が満18歳（令和４年３月31日以前に開始した相続は20歳）になるまでの年数１年につき10万円で計算した金額を、未成年者控除として差し引きます。

これらの規定は、相続や遺贈で財産を取得した人が法定相続人（相続の放棄があった場合には、その放棄がなかったものとした場合における相続人）であることなどが要件とされていて、その他の要件を満たす場合には、未成年者控除の適用を受けることができます（相税19の３）。

なお、未成年者控除額が、その未成年者本人の相続税額より大きいため控除額の全額が引き切れない場合には、その引き切れない部分の金額をその未成年者の扶養義務者（扶養義務者とは、配偶者、直系血族及び兄弟姉妹のほか、三親等内の親族のうち一定の者をいいます。）の相続税額から差し引きます。

以上のことから、未成年者控除の適用を受けるためには、相続又は遺贈によって財産を取得することが必要です。

２　障害者である子などへの遺贈

相続人が85歳未満の障害者のときは、相続税の額から、その障害者が満85歳になるまでの年数１年につき10万円（特別障害者の場合は１年につき20万円）で計算した金額を、障害者控除として差し引きます。

障害者控除が受けられるのは、相続や遺贈で財産を取得した時に障害者である人、相続や遺贈で財産を取得した人が法定相続人（相続の放棄があった場合には、その放棄がなかったものとした場合における相続人）であることなどとされています（相税19の４）。

なお、障害者控除額が、その障害者本人の相続税額より大きいため控除額の全額が引き切れない場合には、その引き切れない部分の金額をその障害者の扶養義務者（注）の相続税額から差し引きます。

（注）　扶養義務者とは、配偶者、直系血族及び兄弟姉妹のほか、三親等内の親族のうち一定の者をいいます。

以上のことから、障害者控除の適用を受けるためには、相続又は遺贈によって財産を取得することが必要です。

【設　例】

1.　被相続人　母（令和５年３月死亡）
2.　相続人　長男・二男（40歳・一般障害者）
3.　相続財産　１億円
4.　遺産分割
　　分割案１　長男が全て相続する
　　分割案２　法定相続分どおり相続する
5.　相続税の計算

（単位：万円）

	分割案１		分割案２	
	長男	二男	長男	二男
課税価格	10000	—	5000	5000
各人の算出税額	770	0	385	385
障害者控除（※）	—	—	△65	△385
納付税額	770	0	320	0

※分割案２の場合、二男が相続によって財産を取得しているため、障害者控除の適用を受けることができる。また、控除しきれない額（450万円－385万円＝65万円）は扶養義務者である長男の相続税から控除することができる。

(14)　相次相続控除

【58】　相続人が相続の放棄をした場合

母が令和５年３月に死亡しました。相続人は長男と長女の２人です。母は、生前に遺言書を作成し、全ての財産を長男に相続させるとしています。また、令和４年５月に母の兄から遺産を取得し、相続税を支払っています。

一方、長女は、母から生前に相続時精算課税によって遺留分相当額の財産の贈与を受けているため、家庭裁判所で相続の放棄をする予定です。

このような場合、長男が遺言書で全ての財産を相続し、長女が相続の放棄をすることが、相続税法上不利益になることはありませんか。

対　策	母が兄から生前に一定の遺産を相続し、相続税を支払っていることから、相続人は相次相続控除の適用を受けることができます。 しかし、この規定の適用を受けることができる者は、相続人であることが要件の一つとされていることから、長女は家庭裁判所で相続の放棄の申述をするのではなく、１円も相続しないとする事実上の相続の放棄を選択すれば、長女は相続人として相次相続控除の適用を受けることができます。 この場合、遺言書で全ての財産を長男に相続させるという内容だけでなく、付言事項で長女に対して一定額を生前贈与（特別受益）したことを具体的に記載しておけば、遺留分の争いなどに発展しないことが期待されます。

解　　説

相次相続控除は、今回の相続開始前10年以内に被相続人が相続、遺贈や相続時精算課税に係る贈与によって財産を取得し相続税が課されていた場合には、その被相続人から相続、遺贈や相続時精算課税に係る贈与によって財産を取得した人の相続税額から、一定の金額が控除されます。

相次相続控除が受けられるのは、被相続人の相続人であることなどが要件とされていますので、相続を放棄した者は相続人ではないことから、この規定の適用を受けることができません（相基通20－１）。

なお、包括受遺者は、相続人と同一の権利義務を有する（民990）と規定されていますが、相次相続控除（相税20）は、「相続人」に包括受遺者を含む規定にはなっていないことから、相続税法は、「相続人」と「包括受遺者」を別に扱っているものと考えられます。

また、「包括受遺者」は「相続人」と同一の権利義務を有するものの、財産の取得に被相続人の遺言を要する点で「相続人」と異なることから、相続税法において両者を別に扱っています。

したがって、相続人でない者で包括受遺者となる者が遺贈により財産を取得する場合には、相次相続控除の適用はありません。

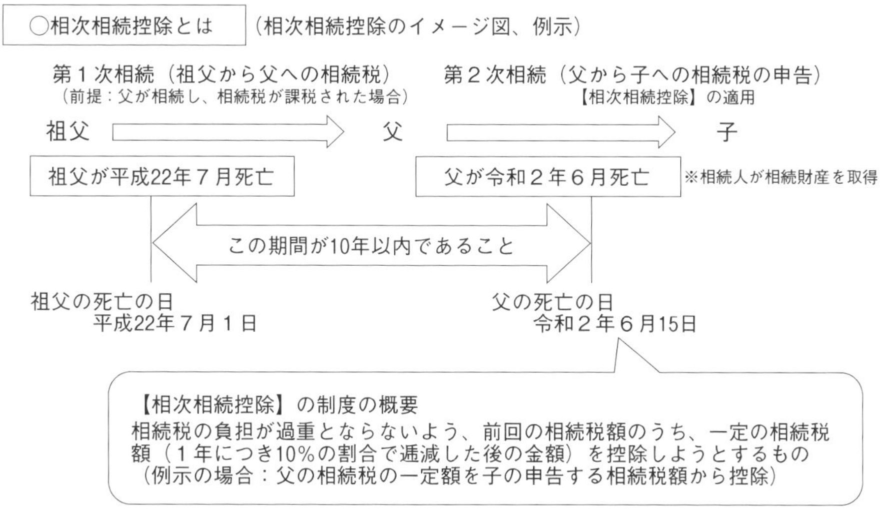

（出典：国税庁タックスアンサー№4168）

【設　例】

1.　被相続人　母（令和５年３月死亡）

2.　相続人　長男・長女

3.　相続財産　その他の財産　３億円

4.　相続時精算課税贈与

長女は、母から令和２年に相続時精算課税贈与によって１億円の贈与を受け、1500万円の贈与税を支払っている。

5.　母の兄から相続

母は、令和４年５月に死亡した兄から１億円を相続し、相続税1600万円を納税した。

6.　相続の放棄

長女は、相続の放棄を検討（以下の①又は②）している。

①　家庭裁判所に申述して相続の放棄をする。

②　遺産分割協議に参加して遺産を相続しないこととする遺産分割協議書に署名・押印する。

7．相続税の計算

（単位：万円）

	家庭裁判所に申述して相続放棄		事実上の相続の放棄	
	長男	長女	長男	長女
その他の財産	30000	―	30000	―
相続時精算課税適用財産	―	10000	―	10000
課税価格	30000	10000	30000	10000
相続税の総額	10920		10920	
各人の算出税額	8190	2730	8190	2730
相次相続控除額	（注１）△1200	（注２）―	△1200	△400
贈与税額控除	―	△1500	―	△1500
納付税額	6990	1230	6990	830

（注１）　1600万円×100／100（※）×（30000万円÷40000万円）×10年÷10年＝1200万円
　※40000万円÷（10000万円－1600万円）⇒100／100を超える　∴100／100

（注２）　長女は相続の放棄をしたことから、相続人ではないので、相次相続控除の適用を受けることはできない。

相続開始から３か月以内に家庭裁判所に申述して行うのが法的な意味での相続の放棄ですが（民915）、相続実務では、法的な手続をせずに、相続財産を全く取得しないなどとする、いわゆる事実上の相続の放棄も行われています。

このような事実上の相続の放棄は、被相続人の債務に関する取扱いを除き、法的手続による相続の放棄と同様の効果が得られるため、相続人間でトラブルがない限り、現実的な方法といえます。

この【設　例】では事実上の相続の放棄（１円も相続しないとする単純承認）を選択すれば、長女は相続人として相次相続控除の適用を受けることができます。

(15)　包括遺贈と特定遺贈

【59】　包括遺贈と特定遺贈がある場合

父が死亡しました。相続人は長男、二男と長女の３人です。父は遺言書を残していて長男に全財産の１／２を遺贈するとしており、残余の財産について遺言書には記載がありません。

この場合、長男は遺贈の放棄をして遺産分割協議によって３人で遺産を分割したいと思います。遺贈の放棄は他の相続人にその旨を伝えるだけでよいでしょうか。

対　策	包括受遺者は、相続人と同一の権利義務を有するとされていますので、包括遺贈を放棄する場合には、包括遺贈があったことを知った時から３か月以内に家庭裁判所に遺言書を添付して包括遺贈放棄の申述をしなければなりません。しかし、包括受遺者である長男は、相続人であることに変わりはないことから遺産分割協議の当事者となり、他の相続人との遺産分割協議に合意すれば、合意したとおりの法的効果が生じることになります。 包括遺贈による遺言で、受遺者が遺贈の放棄をする場合には、家庭裁判所での申述が必要とされることや、具体的に取得する財産については、他の共同相続人等と遺産分割協議が必要とされることから、遺言する場合には、特定遺贈によることが望ましいと考えられます。 一方、小規模宅地等の特例については、包括受遺者が配偶者又は一定の親族で一定の要件を満たす場合には、適用を受けることができます。 さらに、相続した不動産に係る不動産取得税については、包括受遺者には課税されません。 そのことから、遺言書作成に当たり、包括遺贈による場合のメリット・デメリットを考慮して包括遺贈とするのか、特定遺贈によるのか慎重に判断しなければなりません。

解　説

１　包括遺贈と特定遺贈

遺言によって無償で財産を他人に残すことを遺贈といい、遺贈によって財産を受ける者を受遺者といいます。また、遺贈は、相続財産を特定することなく、その全部又は割合的な一部を特定の者に贈与することができ、これを包括遺贈といいます。具体的には、「遺言者は全財産の３分の１を長男Ａの子○○に遺贈する」というように、全財産に対する割合を示して遺贈することです。

「包括受遺者」とは、このように遺言者の財産の全部又は割合的な一部の包括遺贈を受ける者のことをいいます。包括受遺者は、他に相続人や他の包括受遺者がいる場合には、それらの者と同一の権利義務を有し、共同相続することになります。

一方、特定遺贈とは、遺贈する財産を具体的に特定し遺贈する方法です。例えば、「Ａ銀行の預金全部を遺贈する」とか「甲土地の３分の１を遺贈する」といったように、特定の不動産や金銭財産について、全部又は割合を示して遺贈することです。特定遺贈によって財産を取得する者のことを「特定受遺者」といいます。

２　包括遺贈の場合

包括受遺者は、相続人と同一の権利義務を有するとされています（民990）。そのため、包括遺贈を受けた割合に応じて、遺言者の財産だけでなく負債（債務）も引き継ぐことになります。大幅な債務超過の状況で遺言者が死亡したような場合には、包括受遺者は放棄の申述をしなかったときは、自らの財産を処分してでも債務の支払義務を負うことになります。

包括遺贈を放棄する場合には、包括遺贈があったことを知った時から３か月以内に家庭裁判所に遺言書を添付して包括遺贈の放棄の申述を行う必要があります（民915①）。その場合、包括遺贈の一部放棄は認められません。

一方、包括受遺者が遺贈を受ける場合には、取得する財産の割合が遺言書に記載されていることから、具体的に取得する財産については、他の共同相続人等と遺産分割協議をすることになります。その場合、指定された遺贈割合以上の財産を取得すると贈与税が課されることになります。

また、遺贈により取得した財産には相続税が課され、負担した債務については相続財産から控除することができます。小規模宅地等の特例については、包括受遺者が配偶者又は一定の親族で一定の要件を満たす場合には、適用を受けることができます。

さらに、相続した不動産に係る不動産取得税については、包括受遺者には課税されません（地税73の７一）。

なお、包括受遺者は遺産分割協議の当事者となることから、包括受遺者が遺言書どおり遺産を取得しないで、共同相続人との間で遺産分割協議で合意すれば、合意したとおりの法的効果が生じることになります。この場合、この遺産分割協議は相続手続ですから、取得財産の価額の割合が相続分又は包括遺贈割合を基にした価額と異なることとなっても、分割協議当事者間で新たな贈与が生じることにはなりません。

３　特定遺贈の場合

特定受遺者は遺言で指定された財産を取得するだけで、遺産分割協議を行う必要はなく、被相続人の債務を引き継ぐこともありません（ただし、債務を返済することを条件にした負担付遺贈である場合は例外です。）。

特定遺贈を放棄する場合には、遺言者の死亡後、いつでも、遺贈の放棄をすることができます（民986①）。遺贈の放棄は、遺言者の死亡の時にさかのぼってその効力が生じます（民986②）。そこで、相続人や遺言執行者に対して、遺贈の放棄をする旨の意思表示をすることによって放棄を行います。後々のトラブルを避けるために、その意思表示は、内容証明郵便などの書面によって行うべきでしょう。

遺贈の放棄について期限の定めがないことから、相続人は、受遺者に対して、相当の期間を定めた上で遺贈を承認するか放棄をするかの催告をすることができます。この期間内に受遺者が遺贈を放棄しないときは、遺贈を承認したものとみなされます（民987）。

なお、相続人が遺贈を放棄したとしても、遺贈と相続放棄は別のものですので、その相続人は相続を放棄したことにはならないことから、遺産分割に参加して遺産を取得することも可能です。

(16)　一般財団法人を遺言で設立

【60】　一般財団法人を活用して遺産を公益の用に供する場合

私の所有する賃貸不動産を、公益法人等へ寄附して賃貸収入を公益のために使ってほしいと考えています。しかし、公益法人等はそのような現物の不動産を受け入れてもらえず換金処分して寄附するよう求められています。私の願いをかなえる方法はありませんか。

対　策	一般財団法人を設立して、その財団に賃貸不動産を寄附します。その財団法人の定款に公益事業への具体的な寄与の内容を定めておくことで、あなたの希望にかなう公益事業を担ってもらえます。 一般財団法人は、遺言書によっても設立することができます。

解　説

一般財団法人とは、「一般社団法人及び一般財団法人に関する法律」に基づいて設立された財団法人のことをいいます。

遺言によっても、一般財団法人を設立することが可能です。その場合、遺言で一般財団法人を設立する意思を表示し、定款に記載すべき内容を遺言で定め、遺言執行者が遺言の内容の実現（遺言の執行）を行います。遺言執行者は、遺言に基づいて遅滞なく定款を作成して公証人の認証を受け、財団法人成立までに必要な事務を行い、代表理事が、財団法人の設立登記の申請を行います。

遺言による一般財団法人への寄附については、相続開始時にはその法人が存在しませんが、遺言の効力発生時に一般財団法人に財産が帰属したものとみなすこととしています（一般法人164②）。そのため、遺言者の財産は、遺言によって一般財団法人に移転し、相続財産からは除外され、遺族に相続税は課されません。

公益認定を受けていない一般財団法人でも、公益財団法人や非営利型法人（利益分配を目的としない等の要件を満たす法人（法税令３））に該当する場合には、遺贈を受けた財産について課税関係は生じません（法税６）。また、収益事業から生じた所得のみが課税対象となります。

＜課税所得の範囲＞

	公益社団法人 公益財団法人	公益認定を受けていない一般社団法人・一般財団法人	
		非営利型法人	非営利型法人以外の法人
法人税法上の法人区分	公益法人等		普通法人
課税所得の範囲	収益事業から生じた所得が課税対象 （注）		全ての所得が課税対象

（注）　公益社団法人・公益財団法人の公益目的事業から生じた所得は課税対象になりません。

（出典：国税庁「一般社団法人・一般財団法人と法人税」）

一方、遺贈する財産が譲渡所得の基因となる財産である場合には、時価で譲渡したものとみなされ、準確定申告時に、被相続人の譲渡所得として申告することが必要となります（所税59①）。この場合も、一定の要件を満たすものとして国税庁長官の承認を受けたときは譲渡所得税が非課税とされます（租特40①）。

子のいない夫婦が遺言書で一般財団法人を設立して、公益のためにその遺産を活用してもらうことができます。

この場合、遺贈する財産について一般財団法人に相続税が課税されないよう「非営利型法人」（法税２、法税令３①）の要件を満たす法人を設立するようにしておきます。

【法人税法】

第２条　この法律において、次の各号に掲げる用語の意義は、当該各号に定めるところによる。

一～九　〔略〕

九の二　非営利型法人　一般社団法人又は一般財団法人（公益社団法人又は公益財団法人を除く。）のうち、次に掲げるものをいう。

イ　その行う事業により利益を得ること又はその得た利益を分配することを目的としない法人であってその事業を運営するための組織が適正であるものとして政令で定めるもの

ロ　〔以下略〕

（内国公益法人等の非収益事業所得等の非課税）

第６条　内国法人である公益法人等又は人格のない社団等の各事業年度の所得のうち収益事業から生じた所得以外の所得については、前条の規定にかかわらず、各事業年度の所得に対する法人税を課さない。

【法人税法施行令】

（非営利型法人の範囲）

第３条　法第２条第９号の二イ（定義）に規定する政令で定める法人は、次の各号に掲げる要件の全てに該当する一般社団法人又は一般財団法人（清算中に当該各号に掲げる要件の全てに該当することとなったものを除く。）とする。

一　その定款に剰余金の分配を行わない旨の定めがあること。

二　その定款に解散したときはその残余財産が国若しくは地方公共団体又は次に掲げる法人に帰属する旨の定めがあること。

イ　公益社団法人又は公益財団法人

ロ　公益社団法人及び公益財団法人の認定等に関する法律（平成18年法律第49号）第５条第17号イからトまで（公益認定の基準）に掲げる法人

三　前２号の定款の定めに反する行為（前２号及び次号に掲げる要件の全てに該当していた期間において、剰余金の分配又は残余財産の分配若しくは引渡し以外の方法（合併による資産の移転を含む。）により特定の個人又は団体に特別の利益を与えることを含む。）を行うことを決定し、又は行ったことがないこと。

四　各理事（清算人を含む。以下この号及び次項第７号において同じ。）について、当該理事及び当該理事の配偶者又は三親等以内の親族その他の当該理事と財務省令で定める特殊の関係のある者である理事の合計数の理事の総数のうちに占める割合が、３分の１以下であること。

２　〔以下略〕

【一般社団法人及び一般財団法人に関する法律】

（定款の作成）

第152条　一般財団法人を設立するには、設立者（設立者が２人以上あるときは、その全員）が定款を作成し、これに署名し、又は記名押印しなければならない。

２　設立者は、遺言で、次条第１項各号に掲げる事項及び第154条に規定する事項を定めて一般財団法人を設立する意思を表示することができる。この場合においては、遺言執行者は、当該遺言の効力が生じた後、遅滞なく、当該遺言で定めた事項を記載した定款を作成し、これに署名し、又は記名押印しなければならない。

３　〔以下略〕

第160条　設立時評議員及び設立時理事は、それぞれ３人以上でなければならない。

２　〔以下略〕

（財産の帰属時期）
第164条　生前の処分で財産の拠出をしたときは、当該財産は、一般財団法人の成立の時から当該一般財団法人に帰属する。
２　遺言で財産の拠出をしたときは、当該財産は、遺言が効力を生じた時から一般財団法人に帰属したものとみなす。

（機関の設置）
第170条　一般財団法人は、評議員、評議員会、理事、理事会及び監事を置かなければならない。
２　一般財団法人は、定款の定めによって、会計監査人を置くことができる。

（評議員の資格等）
第173条　第65条第１項及び第65条の２の規定は、評議員について準用する。
２　評議員は、一般財団法人又はその子法人の理事、監事又は使用人を兼ねることができない。
３　評議員は、３人以上でなければならない。

(17)　一般社団法人へ遺贈

【61】　一般社団法人を活用して相続税の課税を軽減する場合

私は会社経営者で、自社株の相続税評価額が低い時に、後継予定者の長男などへ生前贈与を実行し、長男が過半数の株数を所有しています。しかし、会社に関わっていない二男や長女の子などへ一定の株式が分散されています。

そのため、将来長男がその株式を買い戻す必要が生じることも予想されます。また、私の残りの株式についても、私の相続を通じて会社に関わらない子などへ分散されることが懸念されます。

このような場合、どのような対応策が考えられますか。

対　策	一般社団法人を設立し、二男や長女の子などへ分散された株式を一般社団法人が買い取ることとします。また、あなたの株式については遺言書でその一般社団法人へ遺贈するとしておきます。 一般社団法人が株式を買い取り、又は遺贈を受けて株主となれば、分散された株式は一括して一般社団法人が議決権を行使することになり、理事長や理事を長男及び長男家族としておけば、議決権の行使について支障が生じることはありません。 遺贈を受けた一般社団法人は、遺贈を受けた財産については受贈益として法人税が課されます。さらに、相続税が不当減少するときには、その一般社団法人を個人とみなして一般社団法人に相続税が課されますが、一般社団法人に課された法人税等の額は相続税から控除されます。 一方、遺贈したあなたはその株式を時価で譲渡したものとみなされ、譲渡所得税が課されます。

解　説

一般社団法人とは、「一般社団法人及び一般財団法人に関する法律」に基づいて設立された社団法人のことをいいます。

公益一般社団・財団法人や非営利型法人以外の一般社団法人へ、遺言で遺贈する場合の課税関係は、以下のようになります。

（１）　一般社団法人への課税

①　遺贈を受けた財産については、受贈益として法人税が課されます。

②　一般社団法人へ贈与又は遺贈があった場合において、相続税が不当減少するときには、その一般社団法人を個人とみなして相続税が課されます（相税66④)。この場合に一般社団法人に課された法人税等の額は相続税から控除されます（相税66⑤)。

＜不当減少要件＞

	相続税法施行令33条３項	相続税法施行令33条４項
運営組織	適正であること	同左
役員等	親族等の数が役員等に占める割合が１／３以下とする旨の定めがあること	同左
利益供与	遺贈をした者等の親族等に対し、特別の利益を与えないこと	贈与又は遺贈前３年以内に贈与等をした者等に対し、特別の利益を与える旨の定めがないこと
解散した場合	定款に、残余財産が国等又は公益社団法人等に帰属する旨の定めがあること	同左
法令違反	法令違反や、仮装・隠蔽行為など公益に反する事実がないこと	贈与又は遺贈前３年以内に国税及び地方税について重加算税等が課されたことがないこと

不当減少要件の判定のフローチャート

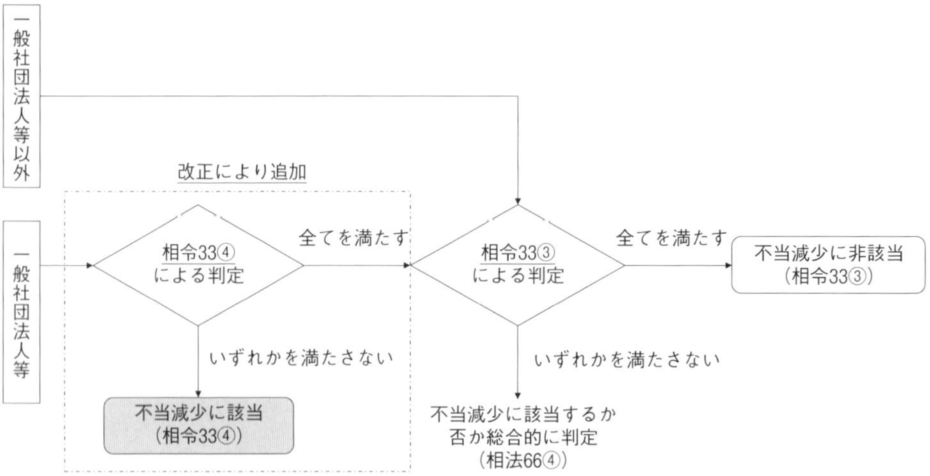

（出典：「平成30年度税制改正の解説」（財務省）（https://warp.da.ndl.go.jp/info:ndljp/pid/11122457/www.mof.go.jp/tax_policy/tax_reform/outline/fy2018/explanation/index.html（2023.09.19）））

（２）　譲渡又は遺贈した者に対する課税

①　譲渡した二男や長女の子

譲渡した二男や長女の子が、同族株主であっても５％未満の議決権数しか有しない場合には、特例的評価方式によってその株式の価額を求めることができます。また、一般社団法人は持分の定めがないことから同族株主に該当しないことになります。

その結果、二男や長女の子が一般社団法人へ譲渡する際の所得税法上の時価は、特例的評価方式（配当還元価額）によって求めることができます。

②　遺贈した父に対する課税

譲渡所得の基因となる財産を遺贈した父が、同族株主で５％以上の議決権を有する場合、その株式の時価は原則的評価方式に準じた価額（所得税法上の価額）によって譲渡したものとみなされ、父に譲渡所得税が課されますが、住民税は翌年１月１日に住所がありませんので、課税されません。

また、その譲渡所得税は父の相続税の計算上債務として控除されます。

(18)　事業承継と遺言書

【62】　非上場株式等についての贈与税・相続税の納税猶予を受ける場合

私はＡ社の創業者で、Ａ社の株式60％を、残りは後継者の長男が40％保有しています。長男は既にＡ社の代表取締役に就任し着々と事業承継を進めています。

相続人は、長男、二男及び長女の３人で、二男及び長女はＡ社には関わっていません。

自社株の相続税評価額が高いことから、相続税の納税猶予を受けるために都道府県知事に対して「特例承継計画」を提出し確認も受けています。

自社株と相続税の納税資金として必要な現預金は長男が、その他の財産は二男と長女が相続することになると思いますが、何かしておかなければならない対策はありますか。

対　策	非上場株式等についての相続税の納税猶予は、相続開始の日の翌日から８か月以内に都道府県知事に対して認定申請書を提出し、認定書を添付して相続税の申告期限内に申告し、納税猶予を受けることになります。その場合、認定申請書には、遺産分割協議書か遺言書の添付が必要とされています。 遺言書が残されていない場合に、遺産分割協議が８か月以内に調わなかったら相続税の納税猶予を受けることができなくなりますので、遺言書を残すことは必須の対策といえます。

解　　説

非上場株式等についての相続税の納税猶予を受けようとする場合には、都道府県知事に対して相続開始の日の翌日から８か月以内に認定申請書を提出しなければならないとされています。認定申請書には、その株式等を誰が相続するのかが決まっている、すなわち、遺産分割協議書又は遺言書の添付が必要とされています。

そのため、相続人間での遺産分割協議が調わなかった場合には、非上場株式等についての相続税の納税猶予の適用を受けることができなくなります。

【分割協議が調わなかった場合の問題点】
①　後継者が５か月以内に代表者に就任　→役員変更登記に支障が出る
②　８か月以内に都道府県知事に認定申請→分割協議書を添付できない

【設　例】
1.　被相続人　父（令和５年３月死亡）
2.　相続人　長男（Ａ社代表取締役）・二男・長女
3.　父の相続財産
　Ａ社株式（600株）　１億2000万円
　その他の財産　２億4000万円
※Ａ社の発行済株式総数は1000株で、株主は父600株及び長男400株となっている。父は、長男にＡ社を承継させたいと考えていたが、遺言書を残していなかった。遺産分割協議が紛糾し、相続税の申告期限までに遺産分割協議が調わなかったため、相続税の納税猶予の適用を受けることができなかった。
（分割協議が調って相続税の納税猶予の適用を受けることができる場合には、Ａ社株式は長男が相続し、その他の財産は長男・二男及び長女がそれぞれ１／３ずつ相続するものと仮定する。）
4.　相続税の計算

（単位：万円）

	分割協議が調わなかった場合			分割協議が調って納税猶予の適用を受ける場合		
	長男	二男	長女	長男	二男	長女
Ａ社株式	4000	4000	4000	12000	—	—
その他の財産	8000	8000	8000	8000	8000	8000
課税価格	12000	12000	12000	20000	8000	8000
相続税の総額	7380			7380		
各人の算出税額	2460	2460	2460	4100	1640	1640
特例株式等納税猶予税額	—	—	—	（注）△2083	—	—
納付税額	2460	2460	2460	2017	1640	1640

（注）（12000万円＋8000万円＋8000万円）－4800万円＝23200万円（課税遺産総額）
→　4860万円（相続税の総額）
長男の相続税（納税猶予税額）4860万円×（12000万円÷28000万円）＝2083万円

【63】 取引相場のない株式等の相続

30年前に死亡した父が創業したＡ社を、３人の兄弟（長男・二男・三男）がＡ社の株式を均分に相続し、力を合わせて優良な会社に育てました。

長男（Ｘ）も高齢になり、相続対策が喫緊の課題となっています。Ｘの家族（妻・長女及び二女）は、Ａ社に関わっていないことから長男（Ｘ）が所有するＡ社の株式の相続問題で困っています。

何か解決策はありませんか。

対　策	Ｘの長女及び二女の配偶者や子などへ、議決権数が５％未満となるように株式を遺贈するとした遺言書を作成しておきます。このことによって、Ａ社株式は特例的評価方式によって評価することができれば、Ｘの家族にとってＡ社株式の相続税の負担は大きく減少します。 また、Ｘの相続開始前に二男や三男へ株式を譲渡又は贈与する、Ａ社へ株式を譲渡するなど時間をかけて株式を整理しておくこともできます。

解　説

同族株主が自社株を相続又は遺贈によって取得する場合に、取得後の議決権割合が５％未満で、その会社に「中心的な同族株主」（中心的な同族株主とは、課税時期において、同族株主の一人並びにその株主の配偶者・直系血族・兄弟姉妹及び一親等の姻族の有する株式の合計数が、その会社の議決権数の25％以上である場合におけるその株主をいいます。）がいて、その株式を取得した者が「中心的な同族株主」ではなく、役員でもなければ特例的評価方式（配当還元価額）によってその株式を評価することができます。

＜同族株主のいる会社の場合の評価方式＞

<table>
<tr><th colspan="4">株主の態様</th><th>評価方式</th></tr>
<tr><td rowspan="3">同族株主</td><td colspan="3">取得後の議決権割合が５％以上の株主</td><td rowspan="3">原則的評価方式（類似業種比準方式又は純資産価額方式、若しくはそれらの併用方式）</td></tr>
<tr><td rowspan="2">取得後の議決権割合が５％未満の株主</td><td colspan="2">中心的な同族株主がいない場合</td></tr>
<tr><td>中心的な同族</td><td>中心的な同族株主</td></tr>
</table>

		株主がいる場合		
			役員又は役員予定者	
			その他の株主	特例的評価方式（配当還元方式）
同族株主以外の株主				

そこで、同族株主に対して議決権割合が５％未満となるように相続させる又は遺贈する旨の遺言書を残しておくことで、自社株の相続税評価額を低く評価することができます。

相続人の子等が会社経営に関わる予定がない場合に、取得後の議決権割合が５％未満となるよう株式を分散して移転することにより、原則的評価方式でなく特例的評価方式（配当還元価額）により評価できることを【設　例】で確認します。

【設　例】

1．家族関係図

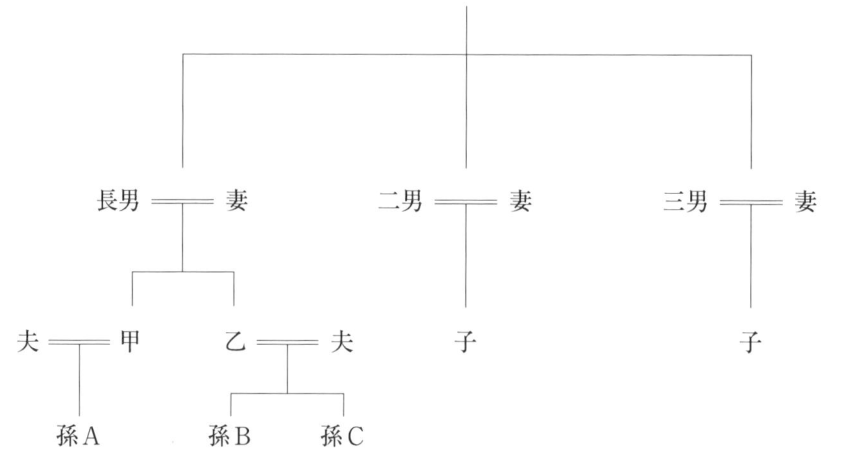

2．Ａ社の所有株数（発行済株式数10000株・議決権数10000個）
　長男3400株（34％）　二男3300株（33％）　三男3300株（33％）

3．その他
　長男・二男及び三男以外は役員ではない。

4．長男所有株式の移転対策
　長男の子等がＡ社を承継する予定がない場合には、長男が所有する全株を以下の者に対して次のように相続又は遺贈により移転することができるように遺言書を作成しておく。
（1）　甲・甲の夫・Ａ・乙・乙の夫・Ｂに対してそれぞれ490株（4.9％）ずつ
（2）　Ｃに対して残株の460株（4.6％）

＜中心的な同族株主に該当するか否かの判定表＞

判定者＼範囲		二男	三男	甲	甲の夫	A	乙	乙の夫	B	C	合計	判定
		3300	3300	490	490	490	490	490	490	460	10000	
二男		3300	3300	—	—	—	—	—	—	—	6600	○
三男		3300	3300	—	—	—	—	—	—	—	6600	○
長男の家族	甲	—	—	490	490	490	490	—	—	—	1960	×
	甲の夫	—	—	490	490	490	—	—	—	—	1470	×
	A	—	—	490	490	490	—	—	—	—	1470	×
	乙	—	—	490	—	—	490	490	490	460	2420	×
	乙の夫	—	—	—	—	—	490	490	490	460	1930	×
	B	—	—	—	—	—	490	490	490	460	1930	×
	C	—	—	—	—	—	490	490	490	460	1930	×

以上の方法によれば、長男の家族に対する株式の相続等については、全員同族株主に該当しますが、取得後の議決権割合が５％未満で、他に中心的な同族株主（二男又は三男）がいて、長男の家族は全員中心的な同族株主に該当しないし、役員でもないことから、特例的評価方式（配当還元価額）によって評価して移転することができます。

同族株主が有する株式を原則的評価方式によって評価するか否かの判定は、相続・贈与又は譲渡があった後の株主の状況により判定しますので、生前に遺言書を作成しておき、配当還元方式によって相続人等が取得できるようにする方法や、相続発生後であっても、一定の株式数以下の場合には、自社株の相続又は遺贈する割合を工夫すれば、配当還元方式により評価することも可能となります。

しかし、自社株を分散しすぎると同族の支配権が確保できなくなるケースや、分散した後に株を買い戻そうとする場合に、その価額でトラブルになるなどの心配があります。特に買い戻す場合の価額については、配当還元価額により移転した株であっても、支配権を有する同族株主が買い戻すときは、原則的評価方式による価額でないと贈与税が課税されるので、注意が必要です。

【64】 農地等についての相続税の納税猶予

農業経営者である私は、農業従事者である長男に農地を相続させようと考えていますが、周辺が宅地開発され、宅地転用によってアパート経営に変わる人も増えてきました。

しかし、先祖からの農地は長男に託して守っていってもらいたいと願っています。

農地等についての相続税の納税猶予を受けることで、長男の相続税は相当額軽減されることになります。

相続人は、長男、二男及び長女の３人ですが、二男及び長女は農業経営には関わっていませんので、農地の相続は望まないと思います。

このような状況下で何か対策を実行しておいた方がよいことがあれば教えてください。

対　策	二男や長女が農地を相続した後に、宅地転用してアパート経営をするとか、第三者に売却することも考えられます。 そのため、長男が農地を相続することができるよう遺言書を残しておくことが肝要です。また、相続税の申告期限までに、長男が農業経営を開始することが農地等についての相続税の納税猶予を受けるための要件の一つとされていることからも遺言書を残すことは必須の対策といえます。

解　説

この納税猶予制度は、農業を営んでいた被相続人等から、一定の相続人が一定の農地等を相続や遺贈によって取得し、農業を営む場合又は特定貸付け等を行う場合には、一定の要件の下に、その取得した農地等の価額のうち農業投資価格による価額を超える部分に対応する相続税額は、その取得した農地等について相続人が農業の継続又は特定貸付け等を行っている場合に限り、その納税が猶予されます。

この特例における農業相続人の要件の一つに、被相続人の相続人で、相続税の申告期限までに農業経営を開始し、その後も引き続き農業経営を行うと認められる人とされています。

また、特例農地等の要件には、被相続人が農業の用に供していた農地等で相続税の申告期限までに遺産分割されたものなどとされています。

そして、相続税の申告書に所定の事項を記載し期限内に提出するとともに農地等納税猶予税額及び利子税の額に見合う担保を提供することが必要とされています。

以上のことから、共同相続人間で遺産分割協議が相続税の申告期限までに調わなかった場合には、農地等についての相続税の納税猶予の適用を受けることができなくなります。

そこで、遺言書によって特定の相続人に対して、農地等を相続させるとしておけば、農地等についての相続税の納税猶予を受けることができます。

なお、相続人を受遺者とする農地又は採草放牧地の特定遺贈による所有権の移転の登記については、農地法所定の許可があったことを証する情報を提供することを要しない（平24・12・14民二3486）とされています。

税理士が知っておきたい
遺言書でできる相続対策

令和５年10月24日　初版発行

著　者　山　本　和　義

発行者　新日本法規出版株式会社
代表者　星　謙一郎

発行所　新日本法規出版株式会社

本社
総轄本部　(460-8455)　名古屋市中区栄１－23－20

東京本社　(162-8407)　東京都新宿区市谷砂土原町２－６

支社・営業所　札幌・仙台・関東・東京・名古屋・大阪・高松
広島・福岡

ホームページ　https://www.sn-hoki.co.jp/

【お問い合わせ窓口】
新日本法規出版コンタクトセンター
0120-089-339（通話料無料）
●受付時間／９：00～16：30（土日・祝日を除く）

※本書の無断転載・複製は、著作権法上の例外を除き禁じられています。
※落丁・乱丁本はお取替えします。
ISBN978-4-7882-9249-9
5100289　遺言書対策
©山本和義 2023 Printed in Japan